TIBET

Solange das Weltall besteht
und solange es noch Lebewesen gibt,
so lange mag auch ich daran festhalten,
das Elend der Welt zu vertreiben.

Gebet des Dalai Lama
anläßlich der Nobelpreisverleihung
in Oslo, Dezember 1989

Franz Alt · Klemens Ludwig
Helfried Weyer

Tibet

Schönheit · Zerstörung · Zukunft

UMSCHAU:

Die Deutsche Bibliothek – CIP-Einheitsaufnahme

Tibet: Schönheit – Zerstörung – Zukunft /
Franz Alt/Klemens Ludwig/Helfried Weyer. Frankfurt am Main :
Umschau Buchverl., 1998
ISBN 3-524-69117-X

Bildnachweise:
B. und F. Alt: Seiten 4, 13, 20, 25, 39, 41, 44, 74, 76, 92, 97 und 99
M. Bollen: Seiten 131, 135
K. Ludwig: Seiten 17, 29, 101, 106, 109, 121
H. Weyer: Seiten 51, 77 und **alle Farbtafeln**

In eigener Sache:
Der Verlag bittet seine Leser um Verständnis wegen der schlechten Qualität der Schwarz-weiß-Abbildungen. Unsere Autoren konnten diese Aufnahmen als Video oder mit der Kamera in Tibet nur unter größter Geheimhaltung machen, um sicherzugehen, daß den Menschen nichts geschieht und die Filme nicht der Beschlagnahme und Zerstörung durch chinesische Behörden anheimfielen.

Umschlaggestaltung: Studio Lüdtke & Team, München
Buchgestaltung: Peter Lohse, Büttelborn
Lektorat: Susanne Buchholz, Karin Kern
Lithographie: Lahrem & Fischer GmbH, Mainhausen
Druck und Verarbeitung: Druck- und Verlagsanstalt Wiener Verlag, Himberg/Austria

Printed in Austria

ISBN 3-524-69117-X

Inhalt

Der Dalai Lama und Dr. Franz Alt im Gespräch.

Franz Alt im Gespräch mit dem Dalai Lama

Franz Alt Heiligkeit, objektive Berichterstattung über Tibet ist für uns Journalisten fast unmöglich, denn die chinesische Besatzungsmacht zensiert jede Nachricht. Sie leben im Exil in Indien, aber Sie sind durch die tibetischen Flüchtlinge über die Situation in Ihrer Heimat gut informiert. Wie ist jetzt die Lage in Tibet?

Dalai Lama Im allgemeinen kann man feststellen, daß in der Wirtschaft eine gewisse Verbesserung stattgefunden hat. Auf der anderen Seite werden auf dem Gebiet der Kultur und Religion gravierende Repressionen spürbar. Die Wirtschaftspolitik hat eine zunehmende Einwanderung von Chinesen nach Tibet zur Folge. Dies führt zu großen Problemen in Tibet.

Kurz zusammengefaßt: Auf Grund der verstärkten Einwanderung von Chinesen nach Tibet findet in Tibet – ob beabsichtigt oder nicht – eine Art kultureller Völkermord statt.

Franz Alt Wieviele Tibeter sind durch die chinesische Besatzung in den letzten Jahrzehnten umgebracht worden?

Dalai Lama Durch Aussagen von Augenzeugen wissen wir heute, daß zwischen 1950 und 1983 1,2 Millionen Tibeter ums Leben gekommen sind. Diese 1,2 Millionen Toten sind Tibeter, die in chinesischen Gefängnissen starben oder in Konflikten mit chinesischen Truppen, oder Tibeter, die verhungert sind wegen der verfehlten chinesischen Wirtschaftspolitik in Tibet. Viele haben auch Selbstmord begangen aus Verzweiflung über die chinesische Besatzungspolitik.

FRANZ ALT Zur aktuellen Lage der Menschenrechtssituation: Gibt es politische Gefangene in Tibet, gibt es Folter in den Gefängnissen?

DALAI LAMA Wir haben eine Namensliste von etwa 300 politischen Gefangenen. Aber diese Informationen beschränken sich auf die größeren Städte. Zu gewissen Zeiten ist die Folter sehr weit verbreitet, zu anderen weniger. Es gibt auch Unterschiede zwischen einzelnen Gegenden. Zur Zeit aber werden in Lhasa wieder zunehmend politische Gefangene gefoltert.

FRANZ ALT Viele Frauen unter den tibetischen Flüchtlingen sagen, es gäbe heute auf dem Dach der Welt Zwangsabtreibungen und Zwangssterilisationen. Können Sie dies bestätigen?

DALAI LAMA Diese Informationen werden auch von anderen Quellen bestätigt, obwohl die chinesische Politik der Familienplanung in den sogenannten Minderheitengebieten nicht gelten soll. In der Praxis wird aber auch in Tibet die sogenannte Familienplanung mit großer Bestimmtheit durchgeführt. Heute hat die Politik der Ein-Kind-Familie auch für Tibet Gültigkeit. Ich habe Informationen, daß in bestimmten Spitälern Quoten für Zwangsabtreibungen festgesetzt sind. Ich finde es ganz schlimm, daß Ärzte und Spitäler Abtreibungsquoten erfüllen müssen. Staatliche Zwangsabtreibung in Tibet ist verheerend für viele Familien und besonders für die Frauen.

Franz Alt Sie haben am Beginn unseres Gespräches vom kulturellen Völkermord in Tibet gesprochen. Wieviel Chinesen leben heute in Lhasa?

Dalai Lama Exakte Angaben sind schwierig. Ich schätze, daß heute 100000 bis 200000 Chinesen in Lhasa leben, aber nur noch 50000 Tibeter. In ihrer Hauptstadt sind die Tibeter bereits in der Minderheit.

Franz Alt Könnten Sie sich vorstellen, daß auch für den Dalai Lama eine Situation kommt, in der er sagt, jetzt kommen wir mit Gewaltfreiheit nicht mehr weiter, jetzt müssen auch wir zum Mittel der Gewalt greifen?

Dalai Lama Dies wird nicht der Fall sein. Sollte eine Mehrheit der Tibeter dafür sein, den Freiheitskampf mit Gewalt zu führen, dann würde ich mich von meiner Verantwortung zurückziehen und zurücktreten. Meine Politik hat bisher kein positives Resultat für die Lage in Tibet gebracht: Aber andererseits hat meine Politik des mittleren Weges dazu geführt, daß viele intellektuelle Chinesen und Studenten ein stärkeres Interesse an Tibets Schicksal zeigen. Die chinesische Demokratiebewegung zeigt Solidarität für den Freiheitskampf der Tibeter. Diese Entwicklung ist auch ein Erfolg meiner Politik des mittleren Weges und der Gewaltfreiheit. Mit Gewalt wäre eine solche positive Entwicklung nicht möglich gewesen.

Franz Alt Sie beklagen auch die ökologische Zerstörung Tibets. Können Sie mir dafür Beispiele nennen?

Dalai Lama In Tibet finden Waldrodungen statt, die zum großen Kahlschlag geführt haben. An vielen Orten Tibets wird Raubbau an Bodenschätzen betrieben. Außerdem werden heute in Tibet chemische Anlagen gebaut, aus denen die chinesischen Arbeiter das Wasser nicht trinken dürfen. Das Wasser gelangt jedoch in die Flüsse, und die tibetische Bevölkerung hat gar keine andere Wahl, als es zu trinken.

Wir haben Informationen, daß in vielen Gegenden Tibets inzwischen nuklearer Abfall gelagert wird. Sicher ist auch, daß es an einigen Orten Tibets Atomwaffen gibt. Atomanlagen haben natürlich einen negativen Einfluß auf die Umwelt.

Diese ökologischen Probleme sind deshalb so gravierend, weil Tibet ein Hochland ist. Wenn hier Schaden entsteht, dann ist es sehr schwierig, diesen Schaden jemals wieder zu beheben. Die großen Flüsse Asiens haben ihren Ursprung in Tibet. Und wenn hier eine Verschmutzung stattfindet, dann kann dies Auswirkungen auf viele Nachbarländer haben.

Franz Alt Im Mai 1995 hat Sie erstmals der deutsche Außenminister in Bonn empfangen. Aber wegen des Drucks der Chinesen hat der Bundeskanzler es bis heute nicht gewagt, Sie einzuladen. Wäre ein persönliches Gespräch mit dem deutschen Regierungschef für Tibet hilfreich?

Dalai Lama Dies wäre sicher hilfreich, weil es seine Wirkung auf Peking nicht verfehlen würde. Aber ich möchte dem Bundeskanzler keine Schwierigkeiten bereiten.

Franz Alt Wenn Tibet eines Tages frei sein wird: Wie sehen Sie die politische Zukunft Ihres Landes?

Dalai Lama Ich möchte, daß Tibet eine entmilitarisierte Zone des Friedens und der Gewaltfreiheit wird. Mein Land soll eine parlamentarische Demokratie mit einem Mehrparteiensystem werden. Wenn es nach mir ginge, würde es schon bald freie Wahlen geben.

Franz Alt Welche Rolle streben Sie persönlich in einem freien Tibet an?

Dalai Lama Keine politische Rolle. Ich möchte mich auf eine Ratgeber-Funktion beschränken.

Franz Alt In einer unserer früheren Begegnungen haben Sie mir einmal gesagt, Sie hätten die Vision, daß Tibet bis zum Jahr 2000 ein freies Land sei. Halten Sie trotz zunehmender Menschenrechtsverletzungen auf dem Dach der Welt, wie sie soeben auch von Amnesty International festgestellt worden sind, an dieser Vision fest?

Dalai Lama Ja, daran halte ich fest. Ich bin sicher, Tibet wird ein freies Land werden. Die genaue Jahreszahl kann ich natürlich nicht nennen. Es kann schon in zwei oder drei Jahren sein. Manchmal entwickeln sich auch positive Veränderungen schneller als von den meisten erwartet. Denken Sie an Osteuropa, an den Friedensprozeß in Nahost oder auch an das Ende der Apartheid in Südafrika.

Ich bin fest davon überzeugt, auch das grausame Leiden des tibetischen Volkes wird bald ein Ende haben.

Sommer 1996

Franz Alt

Tibet wird bald frei sein

In meinen 15 Begegnungen mit dem Dalai Lama seit 1982 hat mich am meisten seine klare Haltung zur Politik der Gewaltlosigkeit beeindruckt. Obwohl die chinesische Besatzungspolitik in Tibet verantwortlich ist für einen Völkermord, für eine unvorstellbare Kulturbarbarei, für ökologische Verwüstung, ökonomische Ausbeutung und für eine zunehmende Überfremdungspolitik, sagte mir der Repräsentant der Tibeter einmal vor seinem Rückflug aus Deutschland nach Indien: *»Ich werde für immer an der Gewaltfreiheit festhalten. Der wirkliche Feind ist in uns und nicht außen. Äußere Feindschaften sind nicht dauerhaft. Respektiert man den Feind, dann kann er sogar zum Freund werden. Das künftige Tibet wird ein demokratischer und ein vollkommen entmilitarisierter Staat sein.«*

Der große Traum

Wie sehr unterscheidet sich doch die Wahl eines römischen Papstes von der Findung eines Dalai Lama! Träume und Visionen spielen beim Finden eines Dalai Lama die entscheidende Rolle. In unserem Kulturkreis ist die Bedeutung von Träumen gering geworden, obwohl jeder von uns jede Nacht träumt. »Träume sind Schäume«, sagt ein typisch westliches Sprichwort. Im Gegensatz zum Neuen Testament hat der »christliche Westen« für Träume nichts übrig. Über soviel Unwissenheit und Leichtsinn

Der fast fünf Meter hohe schwarze Torwächter (Vajrapani), Hüter der tantrischen Geheimlehren, im Weißen Tempel von Tsaparang, ist zerschossen. Den Leib haben die Roten Garden auf der Suche nach Gold aufgerissen. Rechts neben dem Kopf ist der Totengott Yama als noch heiles Wandgemälde zu erkennen, darunter der Einschuß einer Gewehrkugel.

Tafel 1

Jahrhundertealte Buddha-Statuen und Mani-Steine liegen zerstört in allen Klosterruinen Tibets.

Tsaparang. Auf dem Sockel der einst monumentalen Buddha-Statue im Roten Tempel liegen abgeschlagene Köpfe von Göttern und Dämonen. Chinesische Tempelwächter verbieten heute das Fotografieren ihrer eigenen Zerstörung.

Tsaparang. Die zerstörte Apsis im weißen Tempel. Auf den Konsolen sind Reste meditierender Buddhas zu erkennen.

TAFEL 4

können religiöse Menschen im Osten nur den Kopf schütteln. In Tibet wird mit Hilfe von Visionen und Träumen ein Kind gesucht, das dann weltliches und geistliches Oberhaupt wird. In der tibetischen Kultur gilt bis heute der »große Traum« als eine göttliche Botschaft – ganz ähnlich wie die traumhafte Weihnachtsgeschichte in Bethlehem vor 2000 Jahren. Träume und Visionen sind der Urgrund aller Religionen.

Der Knabe Lhamo Döndrub wurde am 6. Juli 1935 im Dorf Taktser in der tibetischen Provinz Amdo geboren. Zwei Jahre vor seiner Geburt war der 13. Dalai Lama gestorben. Im Frühjahr 1935 hatte der Zwischenregent eine Vision: Er »sah« das Bild eines Klosters, eine kleine Hütte und einen braun-weiß gefleckten Hund im Hof. In späteren Träumen sah der Regent weitere Einzelheiten des Bauernhofs. Daraufhin wurden die Sucher-Expeditionen nach Osttibet geschickt, denn bestimmte Anzeichen beim Tode des 13. Dalai Lama deuteten nach Osten. Eine der drei Gruppen fand bei Kumbum, Tibets östlichster Stadt, das in der Vision geschaute Kloster, den Bauernhof, den Hund und den zweijährigen Knaben.

Um sicher zu gehen, mußte Lhamo Döndrub mehrere Tests bestehen – wie zehn weitere Knaben auch, die in ähnlicher Umgebung gefunden wurden. Doch der zweijährige Lhamo Döndrub kannte die Namen der fremden Mönche, die er nie zuvor gesehen hatte, und wählte fehlerfrei aus vielen ihm vorgelegten Gegenständen exakt jene aus, die dem 13. Dalai Lama gehört hatten. Er erkannte sie wieder. Nach weiteren Prüfungen war klar: Dieser Knabe ist der 14. Dalai Lama Tibets, die Reinkarnation des 13. Dalai Lama. Der Zweijährige hatte mit der Mönchsdelegation im Dialekt der Hauptstadt Lhasa gesprochen, der in Osttibet unbekannt ist.

Mit vier Jahren kam Lhamo nach Lhasa und erhielt den Mönchsnamen Tenzin Gyatso. Mit fünf Jahren wurde er offiziell zum Dalai Lama proklamiert, zum geistlichen und weltlichen

Oberhaupt des tibetischen Volkes. Mit sechs Jahren begann die Ausbildung in den »kleinen Fächern« (Drama, Tanz, Musik, Astrologie, Poesie, Kompositionen) und die »höhere Ausbildung« (Medizin, Sanskrit, Dialektik, Künste und Handwerk, Metaphysik und Religionsphilosophie). Ab dem 13. Lebensjahr studierte er in den Klosteruniversitäten Drepung und Sera.

Ein Schüler Gandhis

Der Repräsentant der Tibeter wirbt auch zur Jahrtausendwende noch immer für Gewaltlosigkeit und für einen friedlichen Ausgleich zwischen Tibet und China, für einen »dritten Weg«, wie er immer wieder sagt.

Auch im Buddhismus sind Religion und Politik nicht das selbe, aber sie gehören zusammen. Sie sind zwei Pole unserer Existenz. Der Dalai Lama verkörpert diese beiden Pole in seiner Person. Diese religiös-politische Personalunion kann, wie in einigen moslemischen Ländern noch heute und im Laufe der Geschichte im christlichen Abendland immer wieder festzustellen ist, mißbraucht werden. Entscheidend ist die innere Einstellung zur Macht und zur Gewalt.

Der Dalai Lama ging in die Schule Mahatma Gandhis. Der heute 63jährige ist geprägt von meditativer Gelassenheit und wissenschaftlicher Neugier, von politisch konzeptionellem Denken und von spontanem Humor. Physik und Metaphysik sind für den »Papst des Ostens« ebenso wenig Gegensätze wie Religion und Politik. Aber, so versichert er mir zum wiederholten Mal, er wolle im künftigen freien Tibet kein Regierungsamt übernehmen: »*Ich denke, daß ich als Privatperson dem Volke besser dienen kann.*«

Der im indischen Exil lebende 14. Dalai Lama ist der furchtlose Kämpfer für ein freies und demokratisches Tibet. Auch im Westen gewinnt der »Papst des Ostens« immer mehr Anhänger.

Welcher Politiker denkt so weise? Nach der Eröffnung der Friedensuniversität in Berlin, woran der Dalai Lama teilnahm, hörte ich eine Frau über ihn sagen: »Er ist der beliebteste Mensch der Welt.«

Wahrheit und Liebe sind ihm wichtiger als Macht im politischen Getriebe.

Nach einem Gespräch mit ihm ging mir durch den Kopf: Westliches Wissen in Verbindung mit östlicher Weisheit könnte uns **den** Weg aus den Sackgassen des Atomzeitalters zeigen.

Voraussetzung für einen Weltfrieden ist wahrscheinlich Frieden zwischen den Religionen. Bei allen äußeren Unterschieden der großen Weltreligionen betont der Dalai Lama immer wieder drei große Werte, die allen Religionen gleich sind: Liebe,

Frieden, Freiheit. In seinem Buch »Logik der Liebe« (kein Abendländer würde in einem Buch Logik mit Liebe in Verbindung bringen!) spricht er von der »universalen Religion der Liebe« und fährt fort: *»Der Lebensstil nahezu aller religiösen Menschen ist Genügsamkeit«*. Nicht geglaubter oder ein dogmatisierter Glauben macht die religiöse Haltung von Menschen aus, sondern ein gelebter Glauben. »Genügsamkeit« nennt er den zu praktizierenden Lebensstil, nicht frömmelnde Askese.

Der prominenteste Flüchtling der Welt lebt seit 1959 im indischen Exil. Der Mann, der Autorität durch Bescheidenheit ausstrahlt, ist heute ein begehrter Redner auf der ganzen Welt. Bill Clinton und François Mitterand, Regierungchefs in Ost und West haben ihn empfangen; 1989 erhielt er den Friedensnobelpreis, auf evangelischen Kirchentagen ist er der »Star«. Doch das politische Bonn tut sich beinahe so schwer wie das kommunistische China mit diesem Vertreter einer anderen Politik. Noch 1994 hat – außer Norbert Blüm – kein Regierender in Bonn dem Dalai Lama über Menschenrechtsverletzungen in Tibet zuhören wollen. Die Angst vor Peking war stärker als das angebliche Engagement für die Menschenrechte. Helmut Kohl ziert sich noch immer, dem Dalai Lama die Hand zu geben. Das Geschäft mit China ist dem christdemokratischen Bundeskanzler wichtiger als die Moral. Doch Feigheit hat sich auch gegenüber China noch nie gelohnt! Nicht die Feigheit, sondern die Wahrheit führt zur Freiheit. Langfristig ist die Wahrheit stärker als die Feigheit.

Die fast gleichgültige Haltung deutscher Spitzenpolitiker gegenüber den Verletzungen der Menschenrechte ist ein Skandal und eine Schande für die deutsche Politik. Feigheit vor den kommunistischen Machthabern in Peking bringt uns auch die Verachtung des chinesischen Volkes und der chinesischen Demokratie-Bewegung ein. Diese Haltung wird sich weder politisch noch wirtschaftlich auszahlen. Denn nicht die alten Kommunisten von gestern, sondern die junge Demokratiebewegung von heute wird das China des 21. Jahrhunderts gestalten.

Eine intelligente Politik der Liebe

Chinas Politiker sagen: Wir haben für Tibet den Fortschritt gebracht durch Straßen, Schulen und Maschinen. In Wahrheit haben die chinesischen Besatzer in Tibet Tausende von Klosterschulen zerstört, Tibets Natur- und Bodenschätze ausgebeutet sowie das Land mit 300 000 Soldaten, Raketen und Bomben in ein Militärlager verwandelt.

Chinas Politiker sagen: Wir haben Tibet von Feudalismus und Fremdherrschaft befreit. Die Wahrheit aber ist, daß auch Tibet durch kommunistische Fremdherrschaft nicht befreit, sondern versklavt wurde. Viele tibetische Flüchtlinge berichten über Zwangssterilisationen und Zwangsabtreibungen, die heute in Tibet durch die chinesischen Behörden praktiziert würden. Der Dalai Lama bestätigt diese Berichte.

Chinas Politiker sagen: Der Dalai Lama ruft zur Gewalt auf. Die Wahrheit ist, daß der Dalai Lama heute weltweit **der** Repräsentant einer Politik der Gewaltfreiheit ist. Seine Position hat er bei der Vorstellung seines Buches »Die Logik der Liebe« in München einmal so verdeutlicht: »*Die Macht der Liebe und Vergebung ist stärker als alle Gewalt und Vergeltung. Wir Tibeter haben Geduld, aber Unrecht werden wir auf Dauer nicht akzeptieren.*« Schon viele Diktatoren haben über solche Sätze gelacht, aber viele wurden Opfer dieser intelligenten Politik der Liebe.

Heute ist Tibets Überleben, sind seine Religion und seine Kultur bedroht wie nie zuvor. Abgeschnitten von der Weltöffentlichkeit praktizierten die chinesischen Besatzer während der chinesischen

Kulturrevolution einen Völkermord auf dem Dach der Welt. Heute inszenieren sie einen kulturellen und religiösen Völkermord in Tibet. Nicht nur das kommunistische China vergewaltigt das schwächere Tibet – auch westliche Industrienationen werden durch Schweigen und Feigheit mitschuldig.

Es besteht die Gefahr, daß schon in wenigen Jahren die Tibeter zu einer Minderheit im eigenen Land werden. In Tibet werden ganze Landstriche »ethnisch gesäubert«; eine der ältesten Hochkulturen der Welt soll ausgelöscht werden, und eine Landschaft von unvergleichlicher Schönheit wird bedenkenlos ausgeraubt.

Tibet – China: Spiritualität gegen Militärmacht

In Tibet entscheidet sich mehr als nur das Schicksal eines Sechs-Millionen-Volkes. Auf dem Dach der Welt tobt ein gewaltiger geistiger Kampf zwischen dem religiösesten Volk der Welt und der materialistischen Großmacht China. Spiritualität gegen Militärmacht! Der Ausgang dieses Ringens wird den Verlauf der Weltgeschichte beeinflussen. Keinen Menschen, der wirklich an Freiheit, Fortschritt und humaner Entwicklung interessiert ist, kann dieser Kampf gleichgültig lassen. Auch wir sind nicht wirklich frei, solange Tibet geknechtet wird.

Tibets Hauptstadt Lhasa ist für alle Tibeter etwa so heilig wie für Katholiken der Petersdom, Lourdes und die heiligen Stätten in Jerusalem zusammen. Doch diese heilige Stadt wird zur Zeit völlig umgebaut, so daß Lhasa bis zum Jahr 2000 wie ein chinesischer Supermarkt erscheinen wird. »*Sie wollen uns unsere Seele rauben*«, sagte uns dazu ein alter Tibeter mit Tränen in den Augen. Und eine Nonne, die aus ihrem Kloster vertrieben war, fügte hinzu: »*Doch sie unterschätzen unsere Kraft. Solange der Dalai*

Kinder und Jugendliche betrachten den Abriß der Altstadt von Lhasa bisweilen als großes Abenteuer. Tatsächlich geht es jedoch darum, das tibetische Erbe zu zerstören und neue Häuser zu errichten, die sich nur chinesische Siedler leisten können.

Lama in der Welt für uns kämpft, sind wir nicht verloren.« Es könnte sein, daß Tibet Chinas Vietnam wird - der Kampf wird freilich mit anderen, mit geistigen und religiösen Mitteln geführt.

Der Dalai Lama lebt von dem Prinzip »Hoffnung« und macht Politik mit dem Prinzip »Geduld«. So stellt er unmißverständlich fest: »*Sobald Tibet seine Unabhängigkeit wiedererlangt hat und die chinesischen Streitkräfte aus Tibet abgezogen sind, wird Tibet eine parlamentarische Demokratie mit freien Wahlen und einem Vielparteiensystem werden. Eine Übergangsregierung wird eine verfassungsgebende Versammlung mit Vertretern aus allen Teilen Tibets bilden.*«

Zukunftsmusik. Heute ist Tibet noch ein unterdrücktes, unfreies und armes Land. Sechs Millionen Tibeter leben in 4000 Metern Höhe auf einer Fläche, die achtmal so groß ist wie Deutschland. Für Europäer ist Tibet »eine andere Welt« – auch heute noch sinnlich und erfahrbar mit Auge, Ohr und Nase. Aber dennoch keine Oase der Glückseligkeit.

Meine Frau und ich haben in Lhasa und Umgebung schon in den 80er Jahren etwa 50 Tibeter nach der Zukunft ihres Landes befragt. Alle haben uns ausnahmslos gesagt: *»Die Chinesen sollen nach Hause gehen. Der Dalai Lama soll zurückkommen.«* Nach beinahe 50 Jahren Besatzung ist es China nicht gelungen, die tibetische Identität zu zerstören. Auch das weltweit größte Heer wird die Tradition, Tiefe und Kraft des tibetischen Buddhismus so wenig auslöschen können, wie es dem Kommunismus in der alten UdSSR nicht gelungen war, das religiöse Erbe Rußlands zu zerstören. Was sind 50 Jahre Kommunismus gegen 1300 Jahre Buddhismus! In den Klöstern ist Tibets stiller Ruf nach Freiheit am deutlichsten hörbar. Mehrfach steckten uns Mönche Zettel zu, auf denen nur ein Wort stand: *»Freiheit«* oder *»Freiheit für Tibet«*.

Der frühere Stasi-Chef von Leipzig sagte am Ende der entscheidenden »Montags-Demonstration« gegen das alte DDR-Regime am 9. Oktober 1989: »Wir haben mit allem gerechnet. Unsere Panzer und Gewehre waren vorbereitet. Nur mit einem haben wir nicht gerechnet: mit Kerzen und Gebeten.«

Deutschlands gewaltfreier Weg zur Wiedervereinigung ist für den Dalai Lama ein Vorbild für seinen Weg zu Tibets Befreiung.

Gerade weil wir Deutschen endlich unsere Einheit in Freiheit und das Selbstbestimmungsrecht ohne Blutvergießen erreicht haben, sollte uns der gewaltlose Widerstand Tibets gegen seine Besatzer eine Herzensangelegenheit sein. Wenn es um das Überleben eines Volkes und seiner Kultur geht, dann ist »Einmischung in innere Angelegenheiten« die Pflicht von uns allen. Der Dalai Lama bittet eindringlich darum. Der neugewählte Präsident der ehemaligen Tschechoslowakei Vaclav Havel hatte diese Politik für Menschenrechte schon im Februar 1990 verstanden und realisiert, als er in einer seiner ersten Amtshandlungen den Dalai Lama als seinen persönlichen Gast in sein Land eingeladen und empfangen hatte. Petra Kelly, die sich viele Jahre für Tibets Freiheit engagiert hatte, bemerkt: »*Die Tibet-Frage ist ein Prüfstein für die Moral in der internationen Menschenrechtspolitik.*«

Bis vor wenigen Jahren haben deutsche Politiker überall in der Welt für das Selbstbestimmungsrecht der Deutschen geworben. Sollten wir Deutsche uns jetzt nicht auch aus Gründen der Dankbarkeit für das Selbstbestimmungsrecht der Tibeter einsetzen und dem Dalai Lama – zum Beispiel – möglichst rasch den Friedenspreis des deutschen Buchhandels verleihen? Für einen deutschen Bundeskanzler wird es sehr peinlich sein, sollte er den Dalai Lama erst **nach** der Befreiung Tibets offiziell empfangen. Warum lernen Politiker so wenig aus der Geschichte?

Vergewaltigtes Tibet

Die Kaiser von Tibet und China unterschrieben im Jahr 822 n. Chr. einen Friedensvertrag, in dem folgendes festgestellt wird: »*Tibet und China werden sich an die Grenzen halten, die sie jetzt innehaben. Alles im Osten ist das Land von Großchina, und alles im Westen ist, ohne jede Frage, das Land von Großtibet. Fortan wird keine Seite Krieg führen oder sich Gebiete aneignen … Es soll keine plötzlichen Angriffe geben und das Wort ›Feind‹ niemandem über die Lippen kommen. Alle sollen in Frieden leben und gemeinsam 10000 Jahre vom Glück gesegnet sein.*« Jeder intellektuelle Chinese wird verlegen, wenn man

Verhaftungen, Vergewaltigungen, Verwüstungen. Seit 50 Jahren übt die kommunistische Regierung Chinas ihre Schreckensherrschaft in Tibet aus.

ihn auf diesen Vertrag anspricht, von dem sich Abschriften auf Obelisken vor dem Kaiserpalast in Peking und am Jokhang-Tempel in Lhasa befinden.

Die Geschichte zwischen China und Tibet war wechselhaft. Mal dominierte China über Tibet, mal Tibet über China, mal gab es so gut wie fast keine Beziehungen – aber Tibet war ein souveräner Staat bis 1950.

Am 1. Oktober 1949 rief Mao Tse-tung auf dem Platz des Himmlischen Friedens in Peking die Volksrepublik China aus. Der chinesische Bürgerkrieg zwischen Mao Tse-tungs Kommunisten und Tschiang Kai-tscheks Nationalisten war zugunsten der Kommunisten entschieden. Tschiang Kai-tschek und seine Anhänger zogen sich nach Taiwan zurück. Im Oktober 1950 fielen 30 000 Soldaten der chinesischen Volksbefreiungsarmee in das kaum bewaffnete zentraltibetische Hochland ein. »Wir sind gekommen, um Euch von den ausländischen Teufeln zu befreien«, behaupteten Mao Tse-tungs Truppen. Die Tibeter staunten über diese Argumentation, denn es lebten zu dieser Zeit in ganz Tibet nur sechs Ausländer, darunter die beiden österreichischen Bergsteiger Heinrich Harrer und Peter Aufschnaiter. Heinrich Harrer sollte später mit seinem Buch »Meine sieben Jahre in Tibet« weltberühmt werden. Die Tibeter wußten 1950 also gar nicht, wovon sie befreit werden sollten. Doch die »Befreiung auf chinesisch« dauert nun schon 50 Jahre.

Als chinesische Truppen 1950 in Osttibet einmarschierten, wurde dem erst 15jährigen Dalai Lama die volle Staatsgewalt übertragen. Tibets Regierung bat die Vereinten Nationen, eine Kommission nach Tibet zu entsenden und die chinesische Aggression zu verurteilen. Doch die Feigheit selbst der indischen und englischen Regierung und der Opportunismus fast aller Regierungen der Welt gegenüber den neuen kommunistischen Machthabern in Peking führte zu einer Vertagung der Tibet-Frage vor den Vereinten Nationen – neun Jahre lang.

Die Tragödie der Besetzung und des chinesischen Imperialismus auf dem Dach der Welt nahm ihren Lauf – unter Ausschluß der Weltöffentlichkeit.

Der Dalai Lama hatte sofort nach Übernahme der Regierungsgewalt ein Reform-Programm für Tibet ausarbeiten lassen: Die Bauern sollten aus der alten Feudalherrschaft und Schuldknechtschaft entlassen, die Verwaltung sollte demokratisiert werden. Doch China verhinderte eigenständige tibetische Reformbestrebungen.

Es gelang dem Dalai Lama noch bis Anfang des Jahres 1959, die Tibeter von gewalttätigem Widerstand abzuhalten; dann aber brach am 10. März ein Volksaufstand aus. Der Dalai Lama mußte am 17. März 1959 vor den chinesischen Truppen fliehen, die in Tibets Hauptstadt Lhasa und in den großen Klöstern Sera, Drepung und Ganden nach einem Volksaufstand ein Blutbad angerichtet hatten. Er floh mit etwa 80000 Tibetern in Richtung Süden nach Nordindien. Chinesische Flugzeuge bombardierten die Flüchtlingstrecks; viele Menschen starben in Eis und Schnee. Anfangs hatten die Chinesen die Flucht des Dalai Lama nicht bemerkt. Sie bombardierten am 20. März 1959 seinen Sommerpalast, in dem sie ihn noch vermuteten, und legten das Gebäude in Schutt und Asche. Der Dalai Lama sollte – damals knapp 24 Jahre alt – getötet werden. Er konnte fliehen, weil er ein Land kannte, das Flüchtlinge aufnahm: das arme Indien. Arme Länder – oft ein Vorbild für die reichen!

In Indien bildete er eine Exilregierung, die aber bis heute international nicht anerkannt ist.

Seither wirbt der Dalai Lama auf vielen Reisen rund um die Welt für internationale Hilfe für die Selbstbestimmung Tibets und versucht zugleich, in einen Dialog mit Pekings Machthabern zu treten. Wie schwer beides ist, zeigt zum einen die Haltung des deutschen Bundeskanzlers bei seinem Besuch in Lhasa 1987 (*»Tibet ist völkerrechtlich ein Teil Chinas«*) und zum anderen die wütenden Reaktionen Pekings 1989 auf die Nachricht, daß der Dalai Lama den Friedensnobelpreis erhalten sollte (*»Einmischung in die inneren Angelegenheiten Chinas«*).

Die Ermutigung aus Oslo

Die Frage, was Religion sei, hat der Dalai Lama einmal so beantwortet: *»Tempel? – nicht nötig. Komplizierte philosophische Systeme? – nicht nötig. Unser Gehirn und unser Herz ist unser Tempel, Güte unsere Philosophie«*.

Das könnte auch ein Jesus-Zitat sein (*»Das Reich Gottes ist inwendig in euch!«*). Jesus und Buddha haßten nichts so sehr wie theoretisch-unverbindliche Geschwätzigkeit über Religion. Religiöse Wahrheit liegt immer im Tun.

Der Dalai Lama sah 1989 im Friedensnobelpreis für seine Person eine Ehrung aller Tibeter, die unter dem chinesischen Imperialismus auf dem Dach der Welt leiden. Gerade weil vielen Politikern in Europa und in den USA das Geschäft mit dem Riesenreich China wichtiger ist als Freiheit und Menschenrechte für das kleine tibetische Volk, war der Friedensnobelpreis für den Repräsentanten aller sechs Millionen Tibeter so wichtig.

Als ich den Dalai Lama fragte, ob die jüngste Geschichte von Vietnam oder Afghanistan nicht beweise, daß Völker der Dritten Welt sich doch nur mit Gewalt gegen Fremdherrschaft wehren können, antwortete er mit einer Gegenfrage: *»Sind Afghanistan und Vietnam wirklich frei?«* Er fügte hinzu: *»Wir Tibeter wollen der Welt einen neuen politischen Weg der Befreiung zeigen. Langfristig gibt es nur einen wirklichen Weg zur Freiheit, den Weg der Gewaltlosigkeit. Gewalt erzeugt immer nur Gegengewalt«*. In einer Zeit, in der die kulturelle Identität seines Volkes und die Zukunft seines Landes mehr als je zuvor in Frage stehen, ist konsequente Geduld und geduldige Konsequenz die große Stärke des Friedensnobelpreisträgers.

Darauf angesprochen, daß viele junge Tibeter heute nicht mehr an die Überlegenheit der Gewaltfreiheit glauben, weil diese Überlegenheit bisher nach außen nicht sichtbar und erfolgreich war, meinte der Dalai Lama: *»Gewalt trägt wenig zur Lösung der Konflikte bei. Ich erneuere deshalb meinen Aufruf an alle freiheitsliebenden Menschen, unseren gewaltlosen Kampf für das Überleben unserer nationalen Identität, unserer Kultur und unserer geistigen Tradition zu unterstützen und die chinesische Regierung zu überzeugen, ihre Politik der Unterdrückung aufzugeben.«*

Mich erinnert dieser Aufruf des »Papstes des Ostens« an das Jesus-Wort in der Bergpredigt: *»Selig sind die Gewaltlosen. Sie sind es, denen die Zukunft gehört.«* Diese Worte wahren Friedens haben wir zwar in ihrer Tiefe noch kaum begriffen, aber sie weisen den Weg in eine neue friedliche Welt.

Kein Weltfrieden ohne Religionsfrieden

Beim Friedenskonzil der Religionen in Chicago 1994 spielte der Dalai Lama eine zentrale Rolle. Er ist sich – wie der katholische Theologe Hans Küng, der mit seinen Texten zur Einheit der Religionen dieses Friedenskonzil wesentlich initiierte und prägte – sicher: Es gibt keinen Weltfrieden ohne Religionsfrieden. Der Dalai Lama zum wichtigen Thema Toleranz der Religionen: *»Wenn wir die Religionen dazu verwenden, um mit ihnen zu streiten, dann wird dieser Streit kein Ende haben. Wenn wir aber die Präsenz der Religionen auf uns selbst anwenden, nämlich dazu, unseren eigenen Geist zu zähmen, Frieden im eigenen Geist zu entwickeln, dann können wir den Wert unserer Religionen erst wirklich schätzen. Die Essenz von Religion ist Liebe und Barmherzigkeit und deren Anwendung ist die universelle Religion. Es ist durchaus wünschenswert, daß es möglichst viele Religionen gibt. Ich bin überzeugt, wenn wir gegenseitig andere Religionen kennen und verstehen lernen, entsteht wie von selbst Respekt für diese Religionen. Die Vielfalt der Religionen symbolisiert den Reichtum der menschlichen Erfahrungen. Jede Religion stellt einen einzigartigen Beitrag dazu dar und keine einzige darf fehlen. Religiöse Toleranz und Liebe zu anderen Menschen und Kulturen ist heute kein Luxus, sondern eine Frage des Überlebens.«*

Heute beantwortet die chinesische Regierung die Toleranz des Dalai Lama und seine ständige Gesprächsbereitschaft noch mit Intoleranz und Repression in Tibet.

Gebetsmühlen und Rosenkränze sind für fromme Tibeter Gebrauchsgegenstände des Alltags.

Im Herbst 1995 fragte ich bei der Eröffnung der Friedensuniversität in Berlin, als die Chinesen den rechtmäßigen Pantschen Lama schon gefangen und ihren Ersatz-Pantschen Lama eingesetzt hatten, den Dalai Lama nach seiner Vision für Frieden im 21. Jahrhundert. Der Papst des Ostens antwortete mir: »*Schon heute gibt es drei Staaten ohne Militär: Costa Rica, Panama und Haiti. Wenn Tibet nach der Besetzung durch das chinesische Militär frei sein wird, wird es auch in meiner Heimat keine Soldaten mehr geben. Ich werde daran mitarbeiten, daß Tibet bald das vierte Land ohne Soldaten sein wird. Tibet, das Dach der Welt, wird eine Zone der Gewaltlosigkeit werden. Nehmen wir das positive Beispiel Costa Rica. Dort gibt es seit über 50 Jahren keinen einzigen Soldaten und diesem mittelamerikanischen Land geht es viel besser als seinen Nachbarn. Regierungen, die kein Militär bezahlen müssen, haben mehr Geld für sinnvolle zivile Projekte übrig.«* Der Dalai Lama ist kein abgehobener, sondern ein sehr pragmatischer Pazifist.

Aber damit, entgegnete ich, habe doch die Mehrheit der Regierungen noch nicht abgerüstet. Es sei wohl ebenso vorstellbar, daß viele Tibeter in ihrer Verzweiflung zur Gewalt griffen. Doch der Dalai Lama blieb bei seiner Politik der Gewaltfreiheit und verwies auf Jesus und Buddha, auf Mahatma Gandhi und Albert Schweitzer. Kann es, fragte ich, einen Weltfrieden ohne religiösen Frieden geben? *»Nein«*, antwortete er, *»aber zwischen den Religionen gibt es heute viel mehr Verständnis und Freundschaft als früher. Wir brauchen weltweit eine Politik der Güte, dann erübrigt sich der alte Militarismus. Ich bin sicher: Wenn die vier genannten Staaten ihre pazifistische Politik eine Zeitlang konsequent durchhalten, dann wird ihr gutes Beispiel ansteckend wirken. Zur Zeit sinken die Rüstungsausgaben weltweit. Wir sind schon auf dem richtigen Weg. Nicht nur schlechte, auch gute Beispiele können Schule machen. Ich habe die Vision, daß das 21. Jahrhundert ein Jahrhundert der Gewaltfreiheit werden kann, nachdem das 20. Jahrhundert ein Jahrhundert schrecklicher Gewalt war.«*

Glaube und Zuversicht, die in einem tiefen Vertrauen in das Gute in uns Menschen ihre Quelle hat. Diese Hoffnung trägt heute ein geistlicher Führer in alle Welt, der bald 40 Jahre im indischen Exil lebt. Der Dalai Lama über seine politischen Visionen: *»Mein Volk und ich haben den Frieden und die Freiheit noch nicht gewonnen. Aber nichts liegt mir ferner als den Friedenskampf deshalb aufzugeben. Lieber Freund, wir kennen uns jetzt schon seit vielen Jahren und Sie haben in mir immer einen Freiheitskämpfer gesehen, der sich für Demokratie, Kultur und Spiritualität einsetzt. So wird es bleiben. Das totalitäre System kann gar nicht überleben. Das haben wir doch 1989 in Osteuropa gesehen. Ich kann mir gut vorstellen, daß meine Heimat Tibet in den nächsten Jahren schon frei sein wird, obwohl die chinesische Besatzung mit über 30 000 Soldaten, mit Panzern und Flugzeugen die*

Ruinen von Ganden. In der berühmten Klosterstadt 40 km westlich von Lhasa lebten einst mehr als 4000 Mönche.

Mani-Steine mit tibetischer Kalligraphie und Götterabbildungen haben gläubige Tibeter zu Mani-Mauern aufgeschichtet, bis sie Opfer von chinesischen Bulldozern wurden.

Die Klosterstadt Ganden wurde im Jahre 1409 von dem buddhistischen Reformator Tsongkapa gegründet. Nach der Flucht des Dalai Lama 1959 verhafteten und vertrieben Chinesen alle Mönche aus Ganden. Zehn Jahre später verwandelten die Roten Garden die heilige Stätte in einen gigantischen Trümmerhaufen. Heute wird in Ganden wieder gebaut, Freiwillige restaurieren erste Tempel.

Das 5000 Meter hoch gelegene Kloster Rongbuk am Fuß des Mount Everest wurde ebenfalls während der Revolution zum Ruinenfeld.

Aus den zerschossenen Fresken und Wandbildern haben wir dutzendweise Gewehrkugeln herausgezogen.

Tibeter heute noch gefangen hält. Und mein Freund Mandela hat den Beweis in Südafrika geliefert, daß Gewaltlosigkeit am Ende stärker ist als Gewalt. Das werden wir auch in Tibet und anderswo erleben. Wichtig dabei ist, daß wir spirituelle und religiöse Werte mit einer pragmatisch-politischen Einstellung verbinden. Jede und jeder kann für den Frieden und an der Gewaltfreiheit mitarbeiten – auch in Deutschland. Frieden in *uns führt zu Frieden* um *uns. Jeder Mensch ist verantwortlich für den ganzen Planeten. Entscheidend ist unsere* innere *Kraft und unsere* innere *Entschlossenheit. Innere Kräfte wie Mitgefühl und Liebe, nicht Waffen und Militarismus, sind die letzte Ursache des Erfolgs.«*

Schon Mao Tse-tung hatte ungerührt eine ganz andere Philosophie vertreten. Für ihn kam die Macht aus den Gewehrläufen. »Man kann den Krieg nur durch den Krieg abschaffen.« Der Vater des chinesischen Kommunismus hat die Zahl der Toten seiner Revolution von 1921 bis 1976 selbst auf 50 Millionen geschätzt. Er stand seinen Tyrannen-Brüdern im 20. Jahrhundert, Hitler und Stalin, in ihrer brutalen und menschenverachtenden Machtversessenheit in nichts nach. Diese Brutalität setzte er auch in Tibet ein – hauptsächlich während der Kulturrevolution von 1966 bis 1976. Gegenüber der kommunistischen Ideologie und dem Machterhalt der Kommunistischen Partei Chinas gelten Menschenrechte bis heute nichts: Politische Gefangene werden gefoltert, politische Gegner brutal verfolgt und Zwangshochzeiten zwischen Tibetern und Chinesen organisiert.

Dabei ist die Machtpolitik der Kommunistischen Partei in China immer wieder für Überraschungen gut. Im Sommer 1996 stellte sich diese absolut religionsfeindliche Partei als höchste religiöse Instanz dar: Sie forderte die tiefgläubigen Buddhisten in Tibet auf, sich vom Dalai Lama, ihrem geistlichen und politischen Führer, zu distanzieren. Die Tibeter empfanden diese Provokation als

Vergewaltigung ihrer Seele, als Versuch der Pekinger Machthaber, Tibets kulturelle und religiöse Identität vollends zu zerstören.

Tibeter sind unheilbar religiös

Schon ein Jahr zuvor hatten die Kommunisten den vom Dalai Lama auserwählten Pantschen Lama, die zweithöchste Autorität Tibets, nicht anerkannt und einen eigenen Pantschen Lama ernannt. Die meisten Tibeter wandten sich angewidert und entsetzt ab, als die Kommunistische Partei in einer »religiösen« Zeremonie »ihren« eigenen Pantschen Lama in einem heiligen Tempel in Lhasa inthronisieren ließ. In Tibets Klöstern wurden alle Dalai Lama-Bilder von der Partei entfernt. Dem folgte nun auch noch der Akt der praktischen Exkommunikation des Dalai Lama. Die Partei hat immer recht – auch in religiösen Fragen! Sie bestimmt in ihrer »Unfehlbarkeit« jetzt auch noch die religiösen Inhalte. Eine atheistisch konzipierte Partei macht sich lächerlich vor der ganzen Welt. Die chinesischen Kommunisten mußten erkennen: Die Tibeter sind unheilbar religiös. Deshalb greifen die Chinesen zu den absurdesten Taktiken: Als überzeugte Atheisten bestimmen sie einen Gott für Tibet.

Wer Tibet und die Tibeter ein wenig kennt, weiß: Sie werden den Chinesen jetzt nie mehr trauen. Peking hat seinen letzten Kredit auf dem Dach der Welt endgültig verspielt.

Lhasa wird ein Supermarkt

Die systematische Zerstörung der tibetischen Hochkultur wird in den letzten Jahren in Tibets Hauptstadt Lhasa noch forciert. Bis zum Jahr 2000 soll der wichtigste religiöse Ort Tibets in ein chinesisches Einkaufszentrum verwandelt werden. Für jeden

Zeichen des neuen Lhasa: ein chinesischer Computerladen unter tibetischem Namen.

Menschen, der Lhasa ein wenig kennt, ist diese chinesische Kulturbarbarei auf dem Dach der Welt unerträglich. »*Sie wollen unsere Seelen zerstören*«, sagten uns Tibeter immer wieder weinend in die Fernsehkamera, wenn die Aufmerksamkeit der chinesischen Aufpasser einmal nachließ.

Eine junge Nonne, die wegen ihrer Forderung »Freiheit für Tibet« im Gefängnis saß und permanent vergewaltigt wurde, klagte weinend und schluchzend: »*Man brachte mich mit Handschellen zur Polizeiwache. Dort warf man mich auf den Boden, trat mir ins Gesicht und schlug mich mit einem elektrischen Vielstachel-Stock und trat mich in die Brust. Wir mußten uns ausziehen. Und drei oder vier Leute prügelten uns mit den elektrischen Stachelstöcken. Sieben oder acht Männer schlugen uns – immer wieder. Wir standen nackt da und man sagte uns, wenn wir gegen den Kommunismus agieren, dann werden wir hingerichtet. Selbst im Kloster ist man nicht mehr frei.«*

Ein Arzt, der vor der Fernsehkamera anonym bleiben will: »*Die Chinesen unterdrücken das tibetische Volk. Wir haben keine Macht und keine Bildung. Wenn uns die Welt nicht hilft, bleibt uns wenig Hoffnung. Ich kümmere mich nicht um die Strafen. Wenn Sie uns töten, hilft das der tibetischen Sache.«*

Eine Frau, die ihr kleines Kind auf dem Arm hält, sagte uns in Lhasa: »*Wir Tibeter fürchten die Ausrottung unseres Volkes. Kein Mittel ist der chinesischen Politik zu brutal, um die Tibeter zur Minderheit im eigenen Land zu machen. Viele tibetische Frauen werden zur Abtreibung gezwungen.«*

Ein Arzt, der uns zu gehört hatte, bestätigte: »*Das stimmt. In der Vergangenheit sagten die Chinesen, daß Menschen für sie keinen großen Wert darstellten. Deshalb darf eine Familie nicht mehr als zwei Kinder haben. Wenn man mehr als zwei Kinder hat, dann muß man mit wirtschaftlichen und politischen Strafen rechnen.«*

Bevölkerungspolitik auf Chinesisch

Chinas Schatten liegt heute noch schwer über Tibet. Die offizielle Pekinger Bevölkerungspolitik der Ein- oder Zwei-Kind-Ehe führt im religiösen Tibet zur staatlichen Barbarei: Zwangssterilisation, Zwangsabtreibung, ja sogar Kindertötung sind Realität.

Ein etwa 40jähriger Bauer sagte uns in der Nähe von Lhasa in einem Dorf: »*In den Dörfern gibt es die Geburtenkontrolle. Die Frauen werden sterilisiert. Ich habe zwei Kinder und nun hat man meine Frau sterilisiert.«*

Ein tibetischer Flüchtling berichtete als Augenzeuge: »*Im Mai 1986 kam ein 12köpfiges chinesisches Ärzteteam nach Tschirtuska. Es gehörte dem Geburtenkontrollteam der Präfektur Kantse an. In*

Tschirtsuka wurde von den Behörden daraufhin bekannt gegeben, daß nun Abtreibungen vorgenommen würden. Ich mußte die erste Namensliste für schwangere Tibeterinnen aufstellen. Es waren 140! Zum ersten Mal habe ich dann alles hautnah miterlebt. Und es ist mir bewußt geworden, welches grauenhafte Leid ich meinen Landsleuten antue. Die Ärzte arbeiteten schneller und schneller, weil jeder täglich 20 bis 30 Frauen operieren mußte. Die Behörden schleppten mit der Zeit täglich 100, 200, ja sogar 300 Frauen auf einmal herbei. Die Tibeter nennen diese Geburten-Kontroll-Stationen Schlachthöfe. Sie sehen keinen Unterschied zwischen den großen chinesischen Jagd-Schlachthöfen und diesen mobilen Ärzte-Stationen. Sie haben keine Möglichkeit, sich dagegen zu wehren. Ein Kind mehr als erlaubt bedeutet die Vernichtung der Existenz der ganzen Familie. Die Chinesen nehmen ihnen das Dach über dem Kopf, sämtlichen Besitz und werfen ihre Männer ins Gefängnis.«

Zwei betroffene Frauen im indischen Exil ergänzten: *»Manche Zwangsabtreibung erfolgte so spät, daß die Babys schon viele Haare hatten. Manchmal sahen und hörten die Frauen ihre Babys noch, bevor die Ärzte sie wegwarfen und töteten, während sie schon sterilisiert wurden. Sie wehrten sich heftig, doch sie waren völlig machtlos.«*

»In meinem Fall brachte meine Verwandtschaft 3000 Yüan auf, damit ich 1981 mein drittes Kind behalten durfte. Nach der Geburt sollte ich mich sterilisieren lassen. Als ich mich weigerte, bekam ich einen Metallring eingesetzt, der entsetzlich schmerzte. Ich bin jetzt frei und froh, daß ich seine Heiligkeit, den Dalai Lama, sehen konnte. Aber in meinen Träumen spüre ich das ganze Leid und die unendlichen Schmerzen meines Volkes. Ich bete morgens und abends für die Freiheit Tibets und hoffe, daß ich eines Tages meine Kinder wiedersehen kann. Ich bete für den Frieden auf der ganzen Welt.«

Die beiden tibetischen Mönche Ngawang Smanla und Tsewang Thonden berichteten über eine chinesische »Geburtenkontroll-Aktion« vom Herbst 1987 in der Nähe des Klosters Amdo:

»Den Dorfbewohnern wurde gesagt, daß alle Frauen wegen einer Abtreibung oder Sterilisation zum Zelt kommen müßten, wenn sie keine ernsten Konsequenzen befürchten wollten. Die Frauen, die freiwillig zum Zelt kamen und keinen Widerstand leisteten, bekamen medizinischen Beistand. Die Frauen, die sich widersetzten, wurden mit Gewalt zum Zelt gebracht und operiert – sie bekamen keinerlei medizinische Unterstützung. Selbst bei Frauen, die im neunten Monat schwanger waren, wurden die Babys herausgeholt... Wir sahen viele Mädchen weinen, und wir sahen den wachsenden Berg von Föten, der außerhalb des Zeltes lag und fürchterlich stank.

Alle schwangeren Frauen wurden in den zwei Wochen, in denen das Zelt dort stand, einer Abtreibung unterzogen und anschließend sterilisiert, und alle Frauen, die hätten schwanger werden können, wurden ebenfalls sterilisiert.«

Noch erschütternder sind die Berichte, die der amerikanische Arzt Dr. Blake Kerr während eines Aufenthalts in Tibet über das Töten neugeborener Kinder gesammelt hat. Drei Frauen erzählten dem Arzt, daß Bekannte oder Verwandte ein gesundes Kind zur Welt gebracht hätten, das anschließend von einer Krankenschwester mit einer Spritze in die weichen Teile der Schädeldecke umgebracht wurde. Der tibetische Arzt Pema berichtete, er habe selbst 400 solcher tödlicher Injektionen an gesunden tibetischen Kindern gesehen. Oft wurden die Kinder erstickt oder so lange mit kochendem Wasser überschüttet, bis sie tot waren.

Die chinesische Verwaltung rühmt sich, über 500 Krankenhäuser in Tibet errichtet zu haben. Tibeter nennen diese Krankenhäuser oft »Schlachthäuser«.

Verfolgt, vergewaltigt, ermordet

Tibetische Flüchtlingsfrauen stellten sich im nordindischen Dharamsala dem ZDF-Magazin »Mona Lisa«. Kein Journalist oder Politiker bekommt heute in Tibet Einblick in das, was diese Frauen erleiden mußten. Frau Adi war 26 Jahre in chinesischer Gefangenschaft. Sie erzählte: »*Ich war in einem Ort eine der führenden Frauen, die gegen die chinesischen Besatzer waren. Wir haben versucht, unseren Protest mit Worten auszudrücken und ließen uns nichts gefallen. Meine Tochter war einige Monate alt, mein Sohn drei Jahre, als die chinesische Polizei mich fesselte und abführte. Er schrie unentwegt: ›Die Chinesen schleppen meine Mama weg; Mama!‹ Sie traten ihn mit ihren Stiefeln. Ich sah ihn nie wieder.*«

Ein andere Flüchtlingsfrau berichtete: »*Ich war neun Jahre alt, als die Chinesen meine Eltern verhafteten und mich mitnahmen. Mein Vater war Händler. Er gehörte zu den wohlhabenden Leuten. Ich habe ihn nie wieder gesehen. Vielleicht lebt er noch in irgendeinem Gefängnis. Meine Mutter haben sie vor meinen Augen umgebracht. Sie wurde ausgezogen, zusammengeschlagen und Hunde wurden auf sie gehetzt, die sie zu Tode bissen. Ich kam dann in eine Fabrik, wo ich unter Männern schwerste Arbeit verrichten mußte, ohne zu essen.*«

Frau Adi ergänzte: »*Meine Mutter war auch gegen die Chinesen. Deshalb sollte ich sie und andere Frauen verraten. Trotz schlimmster Folter bekamen sie nichts aus mir raus. Eines Tages sollte ich meinen Schwager identifizieren. Sie ließen uns mit gefesselten Händen und einander zugekehrten Gesichtern gegenseitig anschauen. Dann haben sie zwei Schüsse auf den Hinterkopf meines Schwagers abgefeuert. Er brach sofort tot zusammen. Überall war Blut. Ich schrie: ›Tötet mich auch, tötet mich!‹ Sie antworteten: ›Dich lassen wir am Leben, damit Du leidest.*«

»Als wir ins Konzentrationslager von Darzedo kamen, waren dort 300 Frauen, uralte mit grauen Haaren, einige in meinem jetzigen Alter und andere sehr junge. Alle sahen sehr verhungert aus. Ja, 300 Frauen! Die chinesischen Aufseher musterten uns von oben bis unten. Ich war noch jung, gerade 25! Vier Frauen, mich eingeschlossen, pickten sie heraus, um Schweine zu hüten. Damit waren wir von den anderen getrennt und wurden regelmäßig vergewaltigt. Wenn wir es nicht über uns ergehen ließen, schlugen sie uns halb tot und entzogen uns das Essen.«

Völlig verängstigt hatte eine andere Frau diesem Gespräch zugehört. Anfangs wollte sie schweigen. Doch schließlich erzählte auch sie etwas von ihrem unvorstellbaren Leidensweg: *»Bis ich heiratete, hatte ich keine Lebensmittelkarten. Ich war immer am Rand des Verhungerns. Ich habe in meiner Ehe drei Kinder geboren und aufgezogen. Sie sind mit meinem Mann in Tibet geblieben. Meine Kinder sind heute 8, 11 und 13 Jahre. Wenn die Chinesen mich jetzt erkennen könnten, würden sie sie foltern oder gleich töten.«*

Zwei männliche Zeugen aus der Provinz Amdo berichteten uns: *»Sie schnitten den Gefangenen die Kehle durch oder die Hoden ab. Solche Kastrationen führten zu einem schlimmen Tod. Es gab viele solche Gewalttaten. Ich glaubte nicht, daß man Menschen so behandeln könnte. Es war die Hölle auf Erden. Ich wachte am Morgen auf und stellte fest, daß in der Nacht 12 Menschen gestorben waren. Die Chinesen gruben riesige Gräben: zwei große Gräben, die mit Körpern angefüllt wurden, bis sie überquollen. Dann schüttete man eine dünne Schicht Erde darauf. Und wir mußten über die Körper laufen. Überall sah man Arme, Beine, Köpfe, die an allen Ecken herauskamen. Man wollte nicht hinschauen, aber die Augen wurden trotz des Horrors magisch angezogen. Man wagte nicht zu zweien oder allein hinter diese Gräben zu gehen. All dies ist keine Erfindung, sondern Wahrheit. Von 1967 bis 1976 töteten die Chinesen viele Menschen. Ich kannte viele. Leute wie Danka Tschatso, Putson Punsung und Ka Tschilstra trieb man zum Selbstmord. Viele Leute ertränkten sich damals. Das tibetische*

Volk wurde von den Chinesen so lange wie Vieh behandelt, bis jeder sich fürchtete seine wirkliche Meinung zu äußern. Überall gibt es heute chinesische Spione: unter den Mönchen, unter dem Volk, unter den Angestellten, ja, an jeder Straßenecke.«

Palden Gyatso im chinesischen Gulag

Weltbekannt wurde die Geschichte des tibetischen Mönchs Palden Gyatso. 1995 berichtete er vor der UNO-Menschenrechtskommission in Genf. Der heute 67jährige Mönch war 33 Jahre seines Lebens in chinesischen Gefängnissen und Arbeitslagern, weil er es gewagt hatte, für Tibets Unabhängigkeit zu demonstrieren. Vor dem UNO-Ausschuß erzählte er mit ruhigen Worten seine Geschichte: »*Im Gefängnis waren wir grausamen Behandlungen verschiedenster Art ausgesetzt. Im Winter wurden wir draußen aufgehängt und mit kaltem Wasser überschüttet. An heißen Sommertagen trat an die Stelle von kaltem Wasser ein Feuer, das unter den hängenden Gefangenen angezündet wurde. Zu anderen, in dieser Position vorgenommenen Formen der Mißhandlung gehörten Schläge mit Ledergürteln sowie mit elektrischen Viehtreibstöcken oder mit Eisenstangen.*

Außerdem wurden wir an den Füßen mit Eisenschellen gefesselt, die Hände und Daumen wurden mit sich automatisch zusammenziehenden Handschellen und Daumenspangen gefesselt. Die scharfen Ränder der Handschellen führten dazu, daß mehrere Häftlinge ihre Hände durch den scharfen Einschnitt verloren. Ich habe an meinen Handgelenken immer noch viele, von diesen scharfen Instrumenten verursachte Narben.

1962 gelang mir zusammen mit sechs anderen politischen Häftlingen die Flucht aus dem Gefängnis Panam. Nahe der indisch-tibetischen Grenze wurden wir gefaßt. Meine Haftstrafe wurde um weitere acht Jahre auf 15 Jahre erhöht. Vor Antritt dieser zusätzlichen Haftstrafe wurden wird blindwütig geschlagen und sechs Monate lang Tag und Nacht mit Hand- und Fußschellen gefesselt. Die Fußschellen wurden über zwei Jahre, in denen ich das Weben von Teppichen lernte und ausüben mußte, nicht entfernt.

Auch andere Formen der Mißhandlung waren im Gefängnis an der Tagesordnung. Ich wurde zum Beispiel von einem Gefängnisbeamten mit einem elektrischen Viehtreibstock traktiert und mit kochendem Wasser überschüttet, da ihm – wie er sagte – meine Einstellung nicht paßte. Ich erhielt danach keine ärztliche Hilfe.

Im November 1987 wurden fünf Gefangene aus dem Distrikt Gonjo in Osttibet, die im Gefängnis Gutsa in Lhasa gefangengehalten worden waren, verurteilt; davon zwei zum Tode. Alle Insassen des in der Nähe von Sangyip gelegenen Gefängnisses mußten der Urteilsverkündung beiwohnen. Die zwei zum Tode verurteilten Gefangenen wurden von den chinesischen Führern aufgefordert, da sie in zwei Tagen exekutiert werden würden, laut vor den versammelten anderen Gefangenen zu singen und dazu zu tanzen. Sie wurden gezwungen, diesen Befehl trotz der ihnen angelegten Hand- und Fußschellen auszuführen. Viele Gefangene weinten. Die tibetischen Beamten des Gefängnisses mußten dieses Spektakel voller Trauer mitansehen.

Bei einem anderen Vorfall zu etwa der gleichen Zeit, haben Gefängniswärter wiederholt als politische Gefangene festgehaltene Nonnen vergewaltigt und sie dann mit einem elektrischen Viehtreibstock sexuell mißbraucht. Bevor der Folterer den elektrischen Viehtreibstock in das Sexualorgan stieß, sagte er: ›Das hast Du noch nicht erlebt.‹ Der Name des Gefängniswärters, der dies sagte, ist Sonam Tsering. Zum Zeitpunkt meiner Flucht aus Tibet war er noch immer im Dienst. Das ist das Verhalten von Mitgliedern eines Kaders, denen immer gesagt worden war, daß sie Menschenfreunde seien.

Am 13. Oktober 1990 wurde ich vom Gefängnis Outidu in das nahegelegene Gefängnis Drapchi verlegt, das als Gefängnis »Nummer Eins« der »Autonomen Region Tibets« bezeichnet wird. Unmittelbar nach meiner Einlieferung sagte der Verwaltungschef der Fünften Einheit des Gefängnisses zu mir: ›Ich sehe, daß Du dreimal im Gefängnis warst. Was hat dich dieses Mal hierher gebracht?‹ Ich antwortete, daß ich festgenommen worden sei, da ich Plakate mit dem Spruch »Tibet ist ein unabhängiges, von China getrenntes Land« geklebt hätte. Daraufhin antwortete er: ›Ich werde dir zeigen, was tibetische Unabhängigkeit bedeutet.‹ Nach dieser Antwort wurde ich von ihm mehrere Male brutal getreten, und zwischendurch stieß er einen elektrischen Viehtreibstock in verschiedene Teile meines Körpers. Nach etwa einer halben Stunde stieß er den elektrischen Viehtreibstock mit voller Wucht in meinem Mund. Ich verlor das Bewußtsein. Als ich wieder zu mir kam, lag ich in einer Lache aus Blut und Exkrementen und litt unter unerträglichen Schmerzen. Ich konnte jedoch nichts tun. Ärztliche Hilfe erhielt ich nicht. Außerdem hatte ich meine Zähne zum größten Teil verloren.

Viele Fälle brutaler Gefangenenmißhandlungen im Gefängnis von Drapchi und Lhasa sind kürzlich bekannt geworden. Im Juli 1993 z.B. wurde festgestellt, daß 14 als politische Gefangene inhaftierte Nonnen, die heimlich ein Freiheitslied komponiert und aufgezeichnet hatten, ohne Einhalt geschlagen wurden. Phuntsok Yangkyi, eine 20 Jahre alte Nonne, fand dabei den Tod. Den anderen 13 Nonnen wurden Körperverletzungen zugefügt, die zu unterschiedlichen gesundheitlichen Schäden führten; es wird befürchtet, daß eine 18jährige Nonne für immer verkrüppelte Hände behalten wird.

Gefangene mußten sich trotz der dort herrschenden drückenden Hitze und schwülen Atmosphäre den ganzen Tag und das gesamte Jahr über in Gewächshäusern aufhalten, wo sie Gemüse züchteten, das auf dem Markt in Lhasa verkauft wurde. Die Gefangenen erhielten für ihre Arbeit zwar keine Bezahlung, aber wenn sie ihr vorgeschriebenes Soll nicht erfüllten, wurden sie bestraft und mußten damit rechnen, daß ihre Haftstrafe erhöht wurde. Die Gesundheit vieler Gefangener war durch den ständigen Aufenthalt in der Gewächshausatmosphäre in einem Maß beeinträchtigt, daß sie ihre Umgebung kaum noch wahrnahmen.

Vor meiner Flucht hatte ich heimlich Vorkehrungen getroffen, einige Folterinstrumente an mich zu bringen, so daß ich diese der Außenwelt zeigen könnte. Einige dieser Geräte habe ich mitgebracht: Dies ist ein elektrischer Viehtreibstock der Art, wie er mir in den Mund und den inhaftierten Nonnen in die Geschlechtsorgane gestoßen wurde. Dies ist eine Daumenspange, die dazu benutzt wird, die Gefangenen auf dem Rücken diagonal aneinanderzuketten. Dies ist ein Spezialmesser, das von der chinesischen Polizei dazu benutzt wird, Tibeter durch Stiche zu verletzen. Bei diesen Instrumenten handelt es sich nur um einige der in Gefängnissen in Tibet verwendeten Folterinstrumente.

Herr Vorsitzender!
Ich bin Ihnen, den Mitgliedern der Kommission und den anderen Zuhörern äußerst dankbar, daß Sie sich diese kurze Schilderung meines Lebens in den tibetischen Gefängnissen angehört haben. Ich bin allerdings nur einer der wenigen Glücklichen, die überlebt haben und denen die Flucht gelungen ist. Viele meiner Freunde sowie andere politische Gefangene sind in Gefängnissen und Arbeitslagern in Tibet gestorben. Die Geschichte ihrer unsäglichen Leiden haben sie mit sich genommen.«

Viele Leserinnen und Leser werden solche Schilderungen von Gefangenen und Gequälten innerlich kaum aushalten können. Sie bezeugen aber die Realität in Tibet am Ende des 20. Jahrhunderts.

Zum Anwalt Tibets werden!

Alexander Solschenizyn sagte 1982: »*Der Holocaust, der über Tibet kam, entlarvte das kommunistische China als grausamen und unmenschlichen Henker – brutaler und unmenschlicher als jedes andere kommunistische Regime der Welt.*« Noch heute führt China auf dem Dach der Welt Krieg gegen das tibetische Volk, ist verantwortlich für eine grauenhafte Kulturbarbarei und für die zur Zeit aggres-

»Helft uns Tibet zu retten, dann kann Tibet der Menschheit helfen«, mahnt der Dalai Lama.

sivste Siedlungspolitik auf unserem Planeten. In dieser Situation sollte sich die deutsche Außenpolitik zum Anwalt des unterdrückten tibetischen Volkes machen und bei der chinesischen Regierung um einen Dialog mit der tibetischen Exilregierung und dem Dalai Lama werben.

Es kann ja sein, daß sich der Dalai Lama in seinem Optimismus über die baldige Freiheit Tibets täuscht. Er selbst weiß auch, daß er der letzte Dalai Lama sein kann. Danach gefragt, antwortet er ganz ruhig: »*Schon möglich – wenn es das tibetische Volk so bestimmt. Wenn die Tibeter das Gefühl haben werden, die Institution des Dalai Lama sei überflüssig geworden, dann bin ich der letzte Dalai Lama gewesen. Dauert die augenblickliche Situation Tibets noch ein paar Jahre, dann verschwindet auch Tibet.*«

Ebenso kann in einem kommunistischen Tibet die strahlende Kraft des tibetischen Buddhismus verblassen, während sie im Westen weiterhin zunimmt, wie schon in den letzten Jahren. Der Dalai Lama will jedoch nicht, daß vom Christentum sich abwendende Intellektuelle im Westen massenhaft Buddhisten werden. Er will keine Proselyten. Seine Botschaft ist eine ganz andere: Identität stärken, und nicht die Religion wechseln wie ein Hemd. »*Helft uns, Tibet zu retten, dann kann Tibet der Menschheit helfen.*«

Zur Zeit verändert sich China mehr als Tibet. Wenn sich ein totalitäres System ökonomisch liberalisiert, verändert dies auch die Politik. Der internationale Druck auf China wegen politischer Reformen wächst – hauptsächlich in den USA. Die junge chinesische Generation ist infiziert von neuen Ideen. 18 chinesische Chefredakteure applaudierten 1997 bei einem Besuch in Baden-Baden meiner Feststellung: China braucht viel mehr Pressefreiheit.

Nur in Diktaturen können die Herrschenden mit ihren Journalisten zufrieden sein. Immer mehr Chinesen interessieren sich für Tibets Geschichte und für den Buddhismus. Allerdings wird der Westen seine Vorstellungen von Menschenrechten und Demokratie dem großen »Reich der Mitte« niemals aufzwingen können. Er kann China nur davon überzeugen, je mehr sich Menschenrechte und Demokratie im Westen selbst entfalten können. Demokratie, Menschenrechte und Freiheit sind ansteckend.

Freiheit ist Glück

Pekings offizielle Position, das Einfordern der allgemeinen Menschenrechte in Tibet sei eine »Einmischung in die inneren Angelegenheiten Chinas«, ist doppelt lächerlich und unhaltbar.

»Wir haben Tibet wirtschaftlich entwickelt«, sagt die chinesische Besatzungsmacht. Doch viele Tibeter müssen betteln.

Zum einen war Tibet bis 1950 ein selbständiger und unabhängiger Staat und zum anderen hat auch China die Menschenrechtsdeklaration der Vereinten Nationen unterschrieben, die Folter, Gewalt und Angriffe auf die Religionsfreiheit verbietet. Menschenrechte sind gerade nicht, wie Peking immer wieder behauptet, eine typisch westliche Angelegenheit, sie sind selbstverständlich universal. Diese Universalität hat Peking selbst mitbewirkt, indem es jahrzehntelang in den Vereinten Nationen als Anwalt der »Dritten Welt« für das Selbstbestimmungsrecht der Völker und gegen Imperialismus und Kolonialismus kämpfte. Unabhängig von der Hautfarbe, Kultur und Religion hat kein Mensch auf diesem Planeten Freude an Folter, Vergewaltigung, Zwangsabtreibung, politischer und religiöser Repression oder Unfreiheit.

Der Dalai Lama sagt dazu, was jeder Mensch empfindet: »*Im Buddhismus geht man davon aus, daß allen fühlenden Wesen – an erster Stelle der Gattung Mensch – der spontane Wunsch angeboren ist, Glück zu erfahren und vom Leid frei zu sein. Nicht nur der Wunsch ist angeboren, von Leiden frei zu sein und Glück zu erfahren, vielmehr verfügt der Mensch auch über die Fähigkeit, Leiden zu beseitigen und Glück zu erlangen – Glück heißt Freiheit.*«

Wenn die chinesischen Kommunisten heute unfähig sind, diese Gedanken zu akzeptieren, nur weil sie in den heiligen Schriften des Buddhismus oder in der Bergpredigt des Jesus von Nazareth stehen, dann könnten sie beim jungen Karl Marx nachlesen. Auch für ihn bedeutete Freiheit und das Recht auf Glück eines jeden Individuums sehr viel. Was China in Tibet heute praktiziert, ist schlicht Ausbeutung, primitiver Rassismus und politische Kriminalität. Der Dalai Lama, bemüht um Ausgleich des tiefgreifenden Konflikts zwischen China und Tibet, wiederum ganz pragmatisch und nicht verurteilend: »*Widersprüche und Konflikte sollen wir durch Argumente und mit klarem Verstand lösen. Wenn man aber Verstand und Intelligenz nicht benutzt, um Konflikte und Widersprüche zu lösen, sondern zur Gewalt greift, so läuft diese Strategie der menschlichen Natur zuwider. Mit Argumenten, Vergebung, Geduld und Beharrlichkeit können wir Konflikte lösen. Dies gilt sowohl für Konflikte in uns wie auch für Konflikte zwischen Gruppen von Menschen und Nationen. Es ist natürlich, daß Konflikte und Widersprüche auftreten. Sie sollen aber auf gewaltfreiem Weg gelöst werden.*«

Der Dalai Lama hofft auf die vorsichtige Demokratiebewegung in China, mit deren Vertretern er in einem intensiven Dialog steht. Mit dieser Sicht ist er entschieden realistischer als jene Politiker bei uns, welche die alte kommunistische Regierung umschmeicheln und die Demokratiebewegung mißachten. So schnell ist das Schicksal Erich Honeckers von den sogenannten »Realpolitikern«

Wer zählt die Götter, nennt die Namen? Die beiden Prinzessinnen Wencheng und Bhrikuti brachten den Buddhismus im 7. Jahrhundert nach Tibet. König Songtsen Gampo »mischte« die neue Philosophie mit dem alten Bön-Glauben – einer Geisterreligion. So entstand eine reiche Götter- und Dämonenwelt, die bis heute Tibets alte Kultur bestimmt. Diese Dämonenfigur, von seidenen Schärpen verdeckt, blickt uns furchterregend im Tempel von Gyantse an.

Tafel 9

Gebetsfahnen, Mani-Steine und farbenprächtige Heiligenbilder gehören zu Tibet wie der Schnee zum Himalaya. Der gewaltige Strauß von bunten Gebetsfahnen mit dem sich immer wiederholenden Mantra »Om mani padme hum« (eine Lobpreisung Buddhas) weht auf dem 5636 Meter hohen Dölma La, dem höchsten Punkt der Kora (Pilgerweg) um den heiligen Berg Kailash.

TAFELN 10– 12

Zu den eindrucksvollsten und bedeutendsten Zeugen tibetischer Kultur und Kunst gehört der Kumbum-Chorten in Gyantse, der Stupa der hunderttausend Buddhas, in dem vor den Gläubigen das gesamte Pantheon Tibets in Form von Skulpturen und Wandmalereien ausgebreitet wird.

TAFEL 13

hierzulande vergessen worden. Die Geschichte wird über diese »Realisten« lachen. Die Studien der Internationalen Juristenkommission im Auftrag der Vereinten Nationen, des US-Kongresses und des Deutschen Bundestags bezeugten Tibets völkerrechtliche Souveränität und Unabhängigkeit zur Zeit der chinesischen Invasion im Jahre 1950. Während der Tibet-Debatte der Vereinten Nationen sagte der irische Abgeordnete Frank Aitken: »*Während Tausenden von Jahren war Tibet ebenso frei und kontrollierte seine eigenen Angelegenheiten wie heute jede andere Nation in dieser Versammlung.Tibet war aber tausendmal freier, seine Angelegenheiten selbst zu regeln, als viele der hier versammelten Nationen in der Vergangenheit.*«

Tibet hatte bis 1950 alle Merkmale eines souveränen Staates: ethnische Identität, kulturelle Einheitlichkeit, sprachliche Homogenität und das Bewußtsein, ein eigenständiges Volk zu sein. 95 Prozent der Tibeter empfinden bis heute so. Zudem sind der tibetische Buddhismus und der Dalai Lama tibet-spezielle Merkmale von Souveränität. Nirgendwo habe ich eine so spezielle Identifikation mit einer politischen und religiösen Symbolfigur erlebt wie in Tibet.

Vom Dalai Lama kann man lernen, daß Langmut und Freundlichkeit Zwillingsschwestern von Konsequenz und Entschlossenheit sind. Nur die Wahrheit wird zur Freiheit führen. Wer um die Wahrheit kämpft, muß stets darauf achten, daß die Mittel zum Erreichen der Wahrheit auch diesem Ziel entsprechen. Gewaltfreiheit kennt keine Nebenwirkungen.

Tibets Zukunft

Tibets Weg der Gewaltfreiheit ist nicht nur für Tibets Freiheit und Frieden so wichtig, sondern weit darüber hinaus für Frieden und Freiheit in der ganzen Welt. Die Zukunft Tibets wird ein Modell

Die Zukunft Tibets kann zu einem Modell für eine bessere Welt werden.

für eine bessere Welt. Grundlage hierfür kann der Friedensplan sein, den der Dalai Lama mit seinen »Fünf Grundelementen« 1989 vorgelegt hat:

1. Die Umwandlung ganz Tibets von einem chinesischen Waffenlager in eine entmilitarisierte Friedenszone;
2. keine weiteren Umsiedlungen von China nach Tibet;
3. Respekt gegenüber den fundamentalen Menschenrechten und gegenüber den demokratischen Freiheiten des tibetischen Volkes;
4. Schutz der natürlichen Umwelt Tibets, keine weitere Ausbeutung, keine Atomwaffen und keine radioaktiven Abfälle in Tibet;
5. Verhandlungen über Tibets Zukunft.

Eine entmilitarisierte Friedenszone »Tibet« würde sowohl Indien wie auch China große Abrüstungsschritte erleichtern und viel Geld für Friedens- und Entwicklungsprojekte freisetzen. Hier besteht die einmalige Chance, in einer riesigen Region Mahatma Gandhis »Ahimsha«, die Lehre von der Gewaltfreiheit, zu realisieren.

Im Gegensatz zu vielen Tibetern plädiert der Dalai Lama heute eher für eine Assoziierung Tibets mit China als für eine völlige Souveränität. Wahrscheinlich werden in Zukunft immer mehr Tibeter aufhören, auf die volle internationale Unabhängigkeit zu pochen, aber sie werden niemals aufhören, sich gegen Unterdrückung, Gewalt und Unfreiheit aufzulehnen und ihr Recht auf interne Autonomie zu fordern.

Diesen »Dritten Weg« weist der Dalai Lama als Weg des Ausgleichs und Friedens für Tibet und China. Auch immer mehr junge Chinesen sehen im Dalai Lama einen Freiheitskämpfer, einen, der für Demokratie, Kultur und Spiritualität kämpft. Dieser Weg der Gewaltlosigkeit ist der neue Weg in eine gute Zukunft. Solange der Dalai Lama Verantwortung trägt, gibt es keine Alternative zur Gewaltfreiheit.

Sein Friedensplan ist mehr als nur ein Vorschlag für ein neues Verhältnis Chinas zu Tibet. Die Schaffung einer Friedenszone »Tibet« würde es Indien erlauben, seine Truppen aus den an Tibet grenzenden Gebieten abzuziehen. Die bevölkerungsreichsten Staaten unseres Planeten, China und Indien, hätten bei militärischer Entspannung viel Geld frei für die wirtschaftliche, ökologische und wissenschaftliche Entwicklung ihrer Länder. Wenn auf dem Dach der Welt, im Schneeland unseres Planeten, der Frieden ohne Waffen und Soldaten dauerhaft gesichert ist, bedeutet diese politische Entwicklung mehr Frieden und Sicherheit auf der ganzen Welt und eine größere Entwicklungschance für alles

Leben. Aus den bisherigen Zonen des Todes könnten beispielhafte Regionen des Lebens werden.

Der Dalai Lama über seine Zukunftsvision: »*Würde dieser Vorschlag durchgeführt werden, könnte Tibet seine historische Rolle als neutraler Pufferstaat zwischen den Großmächten des asiatischen Kontinents wieder einnehmen*«. Tibet hätte im 21. Jahrhundert die wichtige Funktion einer Brücke des Friedens zwischen den beiden Milliardenvölkern Indien und China. Die gesamte tibetischen Hochebene könnte zum größten Naturschutzpark unsere Erde werden. Davon träumt der Dalai Lama und fügt im Gespräch lachend hinzu: »*Wenn ich wählen müßte, dann würde ich einer Umweltpartei meine Stimme geben.*«

Organisationen, die im buddhistischen Sinne für die Förderung des Friedens und für den Schutz aller Formen des Lebens arbeiten, sollen nach dem Willen des Dalai Lama in Tibet »*ein gastfreundliches Zuhause finden*«. Christlich gesprochen: Unser Planet hätte eine Werkstatt, in der konkret und beispielhaft an der »Bewahrung der Schöpfung« gearbeitet werden könnte.

Jeder Menschenrechtsbericht von Amnesty International bestätigt dies erneut: Die Menschenrechtsverletzungen in Tibet gehören zu den schrecklichsten und brutalsten auf der ganzen Welt. Die Tibeter fühlen sich im eigenen Land wie Menschen zweiter Klasse. Apartheid-Politik ist eine Verachtung der fundamentalen Menschenrechte, welche die Vereinten Nationen nach dem Zweiten Weltkrieg bestimmt haben. Die eigentliche Macht in Tibet liegt in den Händen des chinesischen Militärs und bei den Funktionären der Kommunistischen Partei Chinas. Jede Tibeterin und jeder Tibeter, die sich loyal zu Tibets Geschichte, Tradition und Religion verhalten, gelten den heutigen »Herren« in Tibet als »Verbrecher«; wer mit der Besatzungsmacht zusammenarbeitet, ist progressiv.

Die chinesische Politik war bisher unfähig, auf die vernünftigen Vorschläge des Dalai Lama rational zu antworten. Obwohl der Dalai Lama in den letzten Jahren nicht mehr von Tibets Souveränität spricht, wird ihm in Peking unterstellt, er wolle »die Einheit Chinas zerstören«. Tatsache ist, daß seine Vorschläge eine große Hilfe für eine gute Zukunft in China, Tibet, Indien und allen betroffenen Himalaya-Nationen sind.

China mag kurzfristig die Friedensvorschläge ignorieren. Mittel- und langfristig führt kein Weg an ihnen vorbei. Der Dalai Lama: »*Die Macht, die auf Gewehren basiert, ist nur von kurzer Dauer. Am Ende triumphiert die Liebe der Menschheit für Wahrheit, Gerechtigkeit, Freiheit und Demokratie. Ganz gleich, was Regierungen auch tun mögen, am Ende setzt sich immer die Menschlichkeit durch.*«

Der »Papst des Ostens« beschreibt in einer Szene, die er in Berlin erlebt hatte, warum er sich seiner fundamental pazifistischen, humanistischen und religiösen Einstellung so sicher ist. »*Diese Wahrheit erfuhr ich Ende 1989, als ich zufällig an dem Tag in Berlin war, als Egon Krenz gestürzt wurde. Durch die Hilfe der DDR-Behörden gelang es mir, auf die Mauer zu steigen. Als ich dort oben stand, dicht vor einem noch bemannten Wachturm, reichte mir eine alte Frau wortlos eine rote Kerze. Bewegt zündete ich sie an und hielt sie empor. Einen Augenblick lang drohte die kleine flackernde Flamme zu erlöschen, wurde dann aber wieder größer. Und während sich die Menschen um mich herumscharten und meine Hände berührten, betete ich, daß das Licht des Mitgefühls und des Bewußtseins die Welt erfüllen und die Finsternis der Angst und Unterdrückung vertreiben möge. Es war ein Augenblick, den ich nie vergessen werde.*«

Petra Kelly und Bärbel Bohley hatten gemeinsam dafür gesorgt, daß der Dalai Lama erstmals nach Ostberlin fahren konnte.

Auch das furchtbar große Leid, welches die Tibeter heute noch erdulden müssen, wird eines Tages zu Ende sein. Bleiben wird die Schuld derer, die dafür verantwortlich sind. In seiner Autobiographie (Dalai Lama, »Das Buch der Freiheit – Die Autobiographie des Friedensnobelpreisträgers«) faßt der Dalai Lama seine Lebensphilosophie und seine heutige Einstellung gegenüber der Lage in Tibet so zusammen: »*Dieses Leid wird durch Unwissenheit verursacht, daß nämlich Menschen im Streben nach ihrem eigenen Glück und ihrer eigenen Befriedigung anderen Leid zufügen. Der Schlüssel zum wahren Glück aber ist der innere Frieden, den man erlangt, indem man seine Liebesfähigkeit, sein Mitgefühl und seine Hinwendung zum Mitmenschen entwickelt und Zorn, Egoismus sowie Habgier bekämpft.*«

Dies mag politisch wohl naiv klingen. Viele halten auch die pazifistische Position des Jesus von Nazareth in der Bergpredigt für naiv. Und dennoch arbeitet die Zeit für diese »Naiven«. Das Jahr 1989 hat uns diese Erkenntnis deutlicher als je zuvor vor Augen geführt. Die Zeit der Gewalt und Vergeltung kann überwunden werden von einer Zeit der Gewaltlosigkeit und Vergebung. Die Zukunft wird denen gehören, die – wie der Friedensnobelpreisträger aus Tibet – die Fähigkeit entwickeln, spirituelle Werte mit einer politisch realistisch-pragmatischen Einstellung zu verbinden.

Der kommunistische Versuch, den Lamaismus – wie die buddhistische Religion in Tibet heißt – auszulöschen, kann schon heute in Tibet als gescheitert angesehen werden. Dieses Scheitern kann sogar besichtigt werden.

Jahrzehnte religiöser Unterdrückung und atheistischer Erziehung haben nicht verhindert, daß in Tibets Klöster wieder viele junge Menschen eintreten und in Tibets geheimnisvoll erleuchteten Tempeln massenhaft Jugendliche und Kinder aus allen Gegenden Tibets beim Beten, Meditieren, Singen und Wallfahren zu sehen sind. Man muß die leuchtenden Augen und strahlenden Gesichter dieser Jugend gesehen haben, um zu verstehen, daß das

Leben in Tibet Religion ist – und auch in Zukunft sein wird. Religion, so sagte eine Nonne in Lhasa meiner Frau in die Kamera, sei das Wichtigste in ihrem Leben. Eine so enge Verschmelzung von Religion und Alltag hatten wir zuvor ähnlich eindrucksvoll nur auf der kleinen hinduistisch geprägten Insel Bali gesehen.

Die durch und durch religiös geprägten Tibeter sind überzeugt von ihrem geistigen Sieg über den materialistischen chinesischen Kommunismus, wobei Religion in Tibet weit mehr mit Erfahrung und Erkenntnis als nur mit äußerer Verehrung oder Anbetung zu tun hat.

Der weiße Schal und die Toleranz

Ein weißes Tuch wird in Tibet als Symbol für einen reinen und aufrichtigen Geist angesehen. Die weiße Seide symbolisiert einen sanften und ruhigen Charakter. Oft hat mir der Dalai Lama als Zeichen unserer Freundschaft und inneren Verbundenheit diesen weißen Schal um den Hals gelegt. Diese Geste tut gut. Erstmals hat 1995 ein deutscher Außenminister den höchsten religiösen und politischen Repräsentanten Tibets empfangen. Die peinlichen Bilder, auf denen Klaus Kinkel den weißen Freundschaftsschal, den der Dalai Lama ihm umhängte, hastig und verlegen abstreifte, haben wohl noch viele in Erinnerung.

Ursprünglich kommt die Seide aus Indien. Das Material der heutigen Schals ist in China hergestellt. In diesem »Chatak« sind tibetische Schriftzeichen eingewoben. Der eingewobene Spruch lautet: »Glück am Tag, Glück in der Nacht, Tag und Nacht Wohlergehen und Glück«.

An dieser Geste sind also immer die alten Kulturen Indiens, Chinas und Tibets beteiligt. Ein gutes Omen für eine friedliche Zukunft. Voraussetzung für den Frieden ist: Trotz allem »JA« zum

Frieden sagen und daran arbeiten. Eine friedliche und gerechte Lösung für Tibet wird eines der politischen Zentralereignisse am Beginn des 21. Jahrhunderts werden. Sie könnte auch eine spirituelle Offenbarung für mehr Frieden und Liebe auf unserem gesamten Planeten werden.

Dieses Buch soll in Wort und Bild journalistische Aufklärung bewirken. Zugleich ist es aber auch als eine Liebeserklärung an eines der freundlichsten Völker und geheimnisvollsten und schönsten Landschaften der Erde gedacht. Der Lama Anagarika Govinda schreibt über Tibet: »*Es ist ein Ort, dem Himmel und Erde sich in ebenbürtiger Größe und Erhabenheit begegnen: Wo die Landschaft die Unendlichkeit und den Rhythmus des Meeres hat und der Himmel die Tiefe des Weltraums. Es ist ein Ort, an dem der Mensch sich den Himmelskörpern nahe fühlt, wo Sonne und Mond seine Nachbarn sind und die Sterne seine Freunde.*«

Tibet – das Land zwischen Himmel und Erde – erstreckt sich vom Himalaya-Massiv im Süden bis zu den innerasiatischen Wüsten im Norden, vom Karakorum-Gebirge im Westen bis Sichuan und Yunnan im Osten. Dieses alte Tibet ist flächenmäßig etwa achtmal so groß wie die Bundesrepublik Deutschland nach der Vereinigung 1990. Die Menschen in diesem riesigen Land haben aufgrund ihrer Religion die unerschütterliche Zuversicht, daß sich letztlich alles zum Guten wendet. Dieses Urvertrauen in die Existenz ist es, was wir Westler an den Tibetern als Heiterkeit des Herzens und Wärme in ihren Augen empfinden.

Wenn wir lernfähig sind, dann ist für uns westliche Rationalisten jede Begegnung mit dem religiösen Tibet und den Tibetern eine heilsame Erfahrung. Mir fiel in mehreren Himalayaländern die ganz besondere Achtung und Achtsamkeit auf, die Kindern hier zugute kommt. Buddha und Jesus (»*Wenn ihr nicht werdet wie Kinder, könnt ihr nicht ins Himmelreich kommen*«) haben eine »naive«, das heißt kindlich-reine Lehre von einer mög-

Mir fiel die ganz besondere Achtung und Aufmerksamkeit auf, die den Kindern hier zugute kommt…

lichen guten Zukunft gelehrt. Das Finden gemeinsamer Wurzeln von christlichem Abendland und buddhistischem Osten könnte wesentlich dazu beitragen, daß in der Menschheit mehr Menschlichkeit wächst. Lernen von Tibet heißt: Sich in den eigenen Wurzeln verankern.

Der Weg in die Zukunft

Solange die Menschen auf dem Dach der Welt unvorstellbares Leid und entsetzliche ökologische Verwüstung erfahren, kann es auch der übrigen Welt nicht besonders gut gehen. Nicht die kommunistische Ideologie und die Menschenrechtsverletzungen der Pekinger Regierung, sondern die spirituellen und politischen

Werte, die der Dalai Lama vertritt, zeigen den Weg in die Zukunft. Doch am Ende unseres Jahrhunderts herrschen in Tibet noch immer Unterdrückung und Gewalt. Die Tibeter werden – fast unbemerkt von der Weltöffentlichkeit – verfolgt, vergewaltigt und unterdrückt. Kritischen Journalisten wird die Einreise nach Tibet verboten. Vor allem deshalb kommen in diesem Buch betroffene Tibeter selbst zu Wort. Es soll dazu dienen, das Leiden des tibetischen Volkes zu dokumentieren und es dem Vergessen zu entreißen.

Chinas Politik der Gewalt, des Verschweigens, Verdrängens und Beschwichtigens darf nicht aufgehen. Wir wollen das Weltgewissen füttern und aufrütteln. Nur die Wahrheit über die wirklichen Zustände in Tibet kann den Weg zur Freiheit ebnen. Dazu dient der sachkundige Text von Klemens Ludwig in diesem Buch ebenso wie die großartigen Bilder Helfried Weyers, die Tibets Schönheit und Einmaligkeit dokumentieren. Text und Bilder dieses Buches sollen zeigen, was auf dem Spiel steht und was es zu retten gilt. Der tibetische Buddhismus zeigt gegenüber den neuen ökologischen Herausforderungen eine größere Sensibilität als das kirchliche Christentum. In einem Fernsehinterview antwortete der Dalai Lama auf meine Frage, was heute Religion sei: *»Religiös darf sich nur nennen, wer mitarbeitet an der Bewahrung der Schöpfung.«* Albert Schweitzers »Ehrfurcht vor **allem** Leben« findet seine Wurzeln eher im tibetischen Buddhismus, als im abendländischen Christentum. Den ökologischen Jesus hat die christliche Theologie bis heute noch nicht entdeckt. Eine neue »Achtsamkeit« fordert der Dalai Lama, um die ökologische Herausforderung zu meistern.

Klemens Ludwig

Zweitausend Jahre tibetische Geschichte

Wenn heute von Tibet die Rede ist, denken die meisten Menschen an ein politisch und kulturell unterdrücktes Volk, dessen Stärke in seiner geistigen und spirituellen Kultur liegt. Zumindest das erste war nicht immer so. Jahrhundertlang war Tibet ein mächtiges und bei seinen Nachbarn – Indern, Nepalesen, Chinesen – gefürchtetes Königreich. Die völlige politsche Fremdbestimmung, die das Land heute erleidet, ist erst jungen Datums.

Es ist nicht einfach, die tibetische Geschichte mit wissenschaftlich-abendländischem Denken zu erfassen. Zwar haben Archäologen und Geologen inzwischen festgestellt, daß die ältesten Siedlungsspuren im Nordosten des Landes etwa 50000 Jahre zurückreichen. Vor etwa 2500 Jahren, möglicherweise auch schon eher, begannen in Ost-und Zentraltibet aus Nomaden seßhafte Ackerbauern zu werden. Insgesamt ist über die Vor- und Frühgeschichte jedoch noch immer wenig bekannt. Mythologische Überlieferungen und historische Fakten im wissenschaftlichen Sinn sind unentwirrbar miteinander verflochten. Die Tibeter selbst hegten nie ein besonderes Interesse, ihre Vergangenheit nach wissenschaftlichen Kriterien aufzuschlüsseln. Schon ihre Vorstellung von Zeit ist eine ganz andere als im Abendland. Sie denken in wiederkehrenden Zyklen und betrachten den Strom der Zeit nicht als linear fortschreitende Bewegung. Grundlage des Zyklus ist eine Kombination aus den fünf Elementen (Holz,

Feuer, Erde, Eisen und Wasser) und den zwölf Tierkreiszeichen (Schaf, Affe, Vogel, Hund, Schwein, Maus, Stier, Tiger, Hase, Drache, Schlange und Pferd). Die Elemente erscheinen in der Zählung zweimal hintereinander in ihrer weiblichen und männlichen Form, der Tierkreis wechselt jedes Jahr. Neujahr wird zum Februar-Neumond gefeiert.

Die eigene Abstammung erklären sich die Menschen aus der Verbindung eines Affen mit einem weiblichen Dämon. Ihre aufrechtgehenden und stark behaarten Kinder sollen das Land bevölkert haben. Dieser Mythe liegt offenkundig ein großes Wissen um naturwissenschaftliche Zusammenhänge der Abstammungslehre zugrunde, die in Europa erst Jahrhunderte später und unter großen Widerständen Einzug gehalten hat.

Die buddhistische Tradition hat in dem Affen eine Verkörperung des Schutzgottes Tschenresi oder Avalokiteshvara gesehen, des Bodhisattvas der Barmherzigkeit. Die Dämonin wurde zur weiblichen Bodhisattva Tara, und ihre Vereinigung schuf das Menschengeschlecht. Der größte Held der Mythologie ist König Gesar, ein Sohn des Himmels, der vom höchsten Gott auf die Erde geschickt und von einer jungfräulichen Frau geboren wurde. Durch große Heldentaten und gefährliche Abenteuer befreite er das von seinen Feinden bedrohte tibetische Volk und sicherte ihm Frieden und Wohlstand.

Die Himmelskönige

Die abendländische Zeitzählung datiert den eigentlichen Beginn der tibetischen Geschichte auf das Jahr 127 v. Chr. Damals legte König Nyatri Tsenpo im Yarlung-Tal den Grundstein zu einer bedeutenden Dynastie. Der Yarlung ist ein südlicher Nebenfluß des Tsangpo, der Lebensader Tibets, der das Land von West nach Ost durchfließt. Die Yarlung-Dynastie herrschte nahezu ein Jahrtausend über Zentraltibet, und sie war die Schöpferin der tibetischen Kultur wie wir sie heute kennen. Bis zur großen Zerstörung durch die chinesische Volksbefreiungsarmee im Jahr 1959 gab es sogar noch steinerne Zeugen aus dem Beginn der Yarlung-Epoche. Der Königspalast Yumbulakhang hatte bis zur chinesischen Besetzung alle Epochen der wechselvollen tibetischen Geschichte überstanden.

Wer zunächst im Yumbulakhang residiert hat, entzieht sich indes der genauen wissenschaftlichen Erforschung. Von den ersten acht Königen der Yarlung-Dynastie fehlt jede historische Spur. Die Legende sagt, sie seien ähnlich wie der mythische Held Gesar direkt vom Himmel herabgestiegen, und weil sie auf Erden ein so untadeliges Leben geführt hätten, seien sie nach dem Tode auch wieder dorthin zurückgekehrt. Es war das goldene Zeitalter in Tibet, auf das möglicherweise auch der Schambala (oder Schangrila)-Mythos zurückgeht. Die Menschen sollen in Frieden und Einklang mit den göttlichen Geboten gelebt haben. Weisheit und Reichtum bestimmten die Regentschaft. Deshalb gelten die Herrscher als die Himmelskönige. Doch das goldene Zeitalter zog auch Neider an. Manche Höflinge waren nicht damit zufrieden, nur am Glanz der Himmelskönige Anteil zu haben, sie wollten ihre Stellung einnehmen. So kam es zu einem Komplott gegen den achten König der Yarlung-Dynastie. Er wurde ermordet, und damit endete die goldene Epoche der tibetischen Geschichte. Der Kontakt zum Himmel wurde durch die Gewalttat unterbrochen, und aus den Himmelkönigen wurden Irdische.

Was immer Wahrheit und Legende an der Überlieferung sein mag; es ist unbestritten, daß lokale Fürsten vor über 2000 Jahren im Yarlung-Tal erstmals so etwas wie eine zentrale Herrschaft über einen größeren Siedlungsraum errichtet haben. Sie schufen damit die Grundlage für ein nationales Zusammengehörigkeitsgefühl. Historisch greifbar werden die Yarlung-Könige spätestens im frühen 7. Jahrhundert. Unter König Namri Songtsen wuchs der

Einfluß der Dynastie über das Yarlung-Tal hinaus. Ihm folgte sein Sohn Songtsen Gampo, der bis heute als einer der bedeutendsten Könige Tibets gilt.

Ein Großreich entsteht

Songtsen Gampo war Reformer und Machtpolitiker in einem. Er sah, daß sein aufstrebendes Reich moderne Strukturen benötigte, die allein einen weiteren Aufstieg sicherstellen konnten. Als erstes verlegte er die Hauptstadt vom Yarlung-Tal aus 100 Kilometer nordwestlich in das Tal des Tsangpo-Flusses. Die neue Hauptstadt Lhasa ist seitdem des politische und kulturelle Zentrum Tibets. Um sein inzwischen recht stattliches Reich besser kontrollieren zu können, ließ er Straßen und Paßwege, Brücken und Kanäle bauen. Die neue Mobilität kam nicht zuletzt der Armee zugute, die unter seiner Amtszeit erheblich gestärkt wurde. Aber der König veranlaßte auch zivile Reformen. Er regte die Einführung von Maß- und Gewichtseinheiten an und sandte Gelehrte nach Indien. In Anlehnung an das altindische Sanskrit entwickelten sie eine eigene tibetische Schrift.

Mit diesen Reformen hatte Songtsen Gampo den Grundstein für ein tibetisches Großreich gelegt. Im Umgang mit den Nachbarvölkern setzt er jedoch mehr auf Heiratsdiplomatie als auf Kriegszüge. Neben zwei tibetischen Adeligen heiratete er 637 n. Chr. die nepalesische Prinzessin Bhrikuti Devi und vier Jahre später die Chinesin Wencheng. Vor allem Bhrikuti Devi und ihr Hofstaat übten einen nachhaltigen Einfluß auf das kulturelle Leben aus, denn sie war Buddhistin und die erste historisch nachweisbare Persönlichkeit, die Buddhas Lehre auf das Dach der Welt gebracht hat. Die Lehre, der sie folgte, war der indisch-nepalesische Vajrayana oder tantrische Buddhismus. Auch Wencheng war Buddhistin. Sie vertrat den chinesischen Zen-Buddhismus.

Ob Songtsen Gampo selbst zum Buddhismus übertrat oder der traditionellen Bön-Religion die Treue hielt, ist nichtgeklärt. Die tibetische Geschichtsschreibung ging lange davon aus, daß der König unter dem Einfluß seiner Frauen die Lehre Buddhas angenommen habe, doch ist das nicht unumstritten. Unbestritten ist, daß sich der tibetische Hof dem Buddhismus zuwandte, doch blieb die neue Lehre zunächst eine Angelegenheit der Elite. Das einfach Volk bekannte sich noch für Jahrhunderte überwiegend zur Bön-Religion.

Prinzessin Wencheng – Die Urmutter der sino-tibetischen Beziehungen? Historische Ansprüche und deren Legitimität

Wer heute Lhasa besucht, kommt an einer Frau nicht vorbei: an Prinzessin Wencheng. Die chinesische Königstochter aus dem 7. Jahrhundert gilt Peking als ältester Beweis für die historische Zusammengehörigkeit von China und Tibet. Ihr Konterfei schmückt noch heute zahlreiche Postkarten und Souvenirs. Mit Wencheng verbindet Peking sogar die buddhistische Missionierung Tibets. Immerhin hat ihre Mitgift, eine Statue des Jowo-Buddha, in den sechziger Jahren den Jokhang-Tempel, in dem sie aufbewahrt ist, vor den Zerstörungen bewahrt. Neben der Prinzessin aus der Tang-Dynastie beruft sich die chinesische Führung zugleich auf die Yuan-Dynastie, die China von 1279 – 1368 beherrscht hat. Seit dieser Zeit sei Tibet ein integraler Bestandteil des chinesischen Reiches.

Was ist dran, an diesen historischen Ansprüchen? Können sie die heutige Annektion Tibets durch China rechtfertigen?

Der Kult um Prinzessin Wencheng in Lhasa spart alles aus, was nicht in die chinesische Geschichtsschreibung paßt. Daß sie die vierte Frau von König Songtsen Gampo war, wird ebenso übergangen, wie die buddhistische Missionierung von Prinzessin Bhrikuti Devi, der Nepalesin. Bhrikuti Devi war nicht nur eher in Tibyet, sie war langfristig sogar erfolgreicher.

Ein Jahrhundert lang war der chinesische Zen-Buddhismus gemeinsam mit dem indisch-nepalesischen Vajrayana am Königshof in Lhasa vertreten. Dann berief König Trisong Detsen das Konzil von Samye ein, auf dem eine religiöse Richtung verbindlich festgelegt werden sollte. Der Vajrayana-Buddhismus setzte sich durch, und der chinesische Einfluß auf die religiös-theologische Entwicklung Tibets war damit beendet. Werden die historischen Ansprüche auf Tibet also in die Zeit der Yarlung-Dynastie zurückverlegt, hätte Nepal viel mehr Grund als China, Tibet zu annektieren.

Es gab noch eine weitere sino-tibetische Fürstenhochzeit. Im frühen 8. Jahrhundert heiratete König Tride Tsugtsen die chinesische Prinzessin Jin Cheng. Darüber hinaus waren die Beziehungen zwischen der tibetischen Yarlung-Dynastie und den chinesischen Tang-Kaisern jedoch eher von Rivalität und dem Kampf um die Vorherrschaft geprägt. Mit dem Zerfall beider Reiche im 9. Jahrhundert froren auch die sino-tibetischen Beziehungen jahrhundertelang ein.

Erst durch die Mongolen taute das Eis wieder auf. 1279 bestieg der Mongolenherrscher Kublai Khan den chinesischen Kaiserthron und gründete die Yuan-Dynastie. Kublai Khan hatte bereits zuvor enge Kontakte zum tibetischen Buddhismus geknüpft und war zu dessen Förderer geworden. Die chinesische Bevölkerung betrachtete die Yuan-Dynastie indes eher als Fremdherrschaft. Bewaffnete Aufstände führten schließlich zu ihrem Sturz.

Wenn sich China heute also bei seinen Ansprüchen auf Tibet auf die Yuan-Dynastie beruft, dann ist das so, als ob Frankreich Anspruch auf England erhebt, weil beide Länder Teile des römischen Reiches waren.

Auf die Mongolen folgte die chinesische Ming-Dynastie, die sich kaum um den Nachbarn im Westen kümmerte. Niemand betrachtete damals Tibet als Teil des chinesischen Kaiserreiches, was sogar offizielle Dokumente belegen. Im Jahre 1594 hat ein hoher Beamter der Ming-Dynastie eine Karte des chinesischen Reichs gezeichnet. Tibet kam darauf nicht vor.

Offenkundig ist es mit den historischen Ansprüchen, die China auf Tibet erhebt, nicht weit her.

Für die tibetischen Könige stand die Lehre Buddhas zunächst nicht im Widerspruch zu weiteren militärischen Eroberungen. Die Nachfolger Songtsen Gampos erweiterten das Reich durch Heirat und Kriegszüge. Die größte Ausdehnung erlangte es unter König Trisong Detsen in der zweiten Hälfte des 8. Jahrhunderts. Damals setzten tibetische Truppen von Turkestan im Nordwesten bis Bengalen im Süden Vasallenfürsten ein. 763 n. Chr. eroberten sie

Die Statue Jobo Sakyamuni im Jokhang-Tempel von Lhasa gilt als zentrales Heiligtum aller gläubigen Tibeter. Sie wird fast erdrückt vom schweren Brokat, von Glücksschleifen und Schmuck aus Gold, Silber, Türkisen, Korallen und »gzi«-Steinen. Wencheng hat diese Statue als Mitgift im 7. Jahrhundert nach Lhasa gebracht.

Tafel 14

Vor dem Jokhang, dem »Haus des Herrn«, werfen sich seit hunderten von Jahren gläubige Pilger auf die Erde. Ihre Demut und ihre Gebete gelten nicht dem Tempel, sondern alleine Jobo Sakyamuni.

Dieser tibetische Yak-Treiber erblickt mit uns nach kalten und harten Trekkingtagen erstmals den Mount Everest und betet Chomolungma an, die »Göttin Mutter der Erde«.

Diese alte Pilgerin umrundete mit uns zusammen den heiligen Berg Kailash und drehte trotz der Strapazen ständig ihren Gebetszylinder mit dem Mantra »Om mani padme hum«.

Tsongkapa (hier als goldene Wandmalerei mit zwei Schülern im Gelehrtentempel von Tsaparang) reformierte im 14. Jahrhundert den tibetischen Buddhismus und gründete den Gelugpa-Orden (Gelbmützen). Mit der Reformation verdrängte Tsongkapa die Götter- und Geisterwelt Padmasambhavas und rückte Buddha wieder in den Mittelpunkt der Religion.

Tafel 18

sogar für kurze Zeit die chinesische Hauptstadt Chang'an (heute Xian). Zwar konnten sie die Eroberung nicht langfristig halten, aber sie zwangen auch dem chinesischen Kaiser ihre Bedingungen auf. Der Herrscher über das Reich der Mitte mußte sich verpflichten, dem tibetischen König jährlich 50 000 Rollen Seide als Tributzahlung zukommen zu lassen. Dafür versprachen die Tibeter, von weiteren Kriegszügen Abstand zu nehmen. Aus dieser Epoche stammen Verträge, in denen beide Reiche die jeweilige Eigenständigkeit des anderen anerkennen. Niemand erhob damals ernsthaft Anspruch auf das Territorium des anderen.

Weder äußere Feinde noch die friedvolle Wirkung der buddhistischen Lehre, sondern innenpolitische Wirren führten schließlich zum Untergang des tibetischen Königtums und damit auch der weltlichen Macht. Im 9. Jahrhundert traten die Rivalitäten zwischen den Buddhisten und den Anhändern der Bön-Religion immer offener zutage. 816 n. Chr. eskalierten die Ereignisse in einem religiösen Erbfolgestreit. Nach dem Tod von König Trisong Detsen stand die Krone seinem ältesten Sohn Langdarma zu. Der jedoch war Anhänger der Bön-Religion. Die einflußreichen Buddhisten am Königshof setzten deshalb durch, daß sein jüngerer Bruder Räpatschen, der sich zur Lehre des Erleuchteten bekannte, den Vorzug erhielt. Unter seiner Herrschaft schloß Tibet 822 n. Chr. einen weiteren Friedensvertrag mit China, der die territoriale Unantastbarkeit beider Reiche festschrieb.

Ungeachtet seiner außenpolitischen Erfolge vergaßen die Bön-Anhänger nicht, daß sie bei der Thronfolge übergangen worden waren. Die Bevorzugung der Buddhisten durch König Räpatschen trug nicht dazu bei, ihre Vorbehalte abzubauen. Räpatschen verschenkte große Länderein an die Klöster und ließ sogar öffentlich Almosen für den Klerus eintreiben. Dadurch stieg der Zahl der Mönche stark an. Um nicht gänzlich an den Rand gedrängt zu werden, töteten Bön-Anhänger 836 n. Chr. König

Räpatschen und setzten seinen übergangenen Bruder Langdarma auf den Thron. Damit gewann die alte Religion wieder neuen Einfluß, während die Buddhisten nunmehr immer stärkeren Verfolgungen ausgesetzt waren.

Die Renaissance der Bön währte indes nicht lange. Nur sechs Jahre nach der Inthronisierung von Langdarma verschaffte sich ein buddhistischer Einsiedler-Mönch als Bön-Priester verkleidet Zugang zu einem Fest des Königs. Dort wartete er auf einen günstigen Moment, um Langdarma mit einem Pfeil niederzustrecken. Im allgemeinen Tumult entkam er auf einem schwarzen Pferd, das vor dem Festzelt wartete. Als er zu Roß den Kyitschu-Fluß durchwatete, wurde aus dem Pferd ein Schimmel, denn er hatte es nur mit Ruß geschwärzt. Die Soldaten des Königs suchten vergeblich nach einem Rappen, und so konnte der Mönch unbehelligt entkommen.

Die zweite Verbreitung der Lehre

Die Ermordung Langdarmas bedeutete das Ende des tibetischen Königtums. Das einst so mächtige Reich zerfiel in kleine Fürstentümer, die sich häufig gegenseitig bekämpften. Die Bevölkerung litt sehr unter den Fehden der ehrgeizigen Provinzpotentaten. Die Epoche der Destabilität währte nahezu zwei Jahrhunderte.

Mitte des 11. Jahrhunderts erfolgte die zweite buddhistische Missionierung, auch zweite Verbreitung der Lehre genannt, die dem Land schließlich Frieden und Stabilität brachte. Einmal mehr kam der Impuls aus Indien. Um den anhaltenden Bruderkämpfen Einhalt zu gebieten, bat der König von Guge, einem Reich in Westtibet, den indischen Gelehrten Atisha ins Land. Er traf 1042 in Westtibet ein und siedelte einige Jahre später nach Zentraltibet über. Fünfzig Kilometer südwestlich von Lhasa gründete er das Kloster Nethang. Es wurde die Basis für eine grundlegende Reformierung des Buddhismus. Atisha lehnte die tantrischen Praktiken ab, denn deren Mißbrauch hatte Überhand genommen. Stattdessen betonte er das Studium der Lehre Buddhas. Nicht alle Buddhisten akzeptierten diese Reform und so entwickelten sich zwei buddhistische Schulen. Das war erst der Beginn einer weiteren Differenzierung. In der Zeit nach Atisha, der 1054 starb, bildete sich in Grundzügen jene Struktur, die Tibet bis zur Besetzung durch dieVolksrepublik China geprägt hat.

Auf der einen Seite waren die großen Klöster, deren Äbte über erheblichen geistlichen und weltlichen Einfluß verfügten. Auf der anderen Seite gab es die Fürsten, die zum Teil in Kooperation und zum Teil in Konkurrenz mit den Äbten standen. Ihre territoriale Macht konnten jedoch selbst die mächtigsten der Fürsten und Äbte nicht weiter ausdehnen, denn an der Nordgrenze Tibets entstand ein Reich, unter dem bald die halbe Welt zittern sollte. Die Mongolen stiegen unter ihrem Fürsten Dschingis Khan im frühen 13. Jahrhundert zur dominierenden Macht in Asien auf. An dem kargen Dach der Welt zeigten sie zunächst wenig Interesse. Als mongolische Soldaten schließlich dennoch in Tibet einfielen, vermieden es die Fürsten und Äbte wohlweislich, ihnen Widerstand zu leisten.

Das Verhältnis zwischen beiden Völkern gestaltete sich jedoch anders, als es gemeinhin zwischen Eroberern und Eroberten üblich ist. Die Mongolen gerieten unter den Einfluß des Buddhismus und so begann eine jahrhundertelange fruchtbare Beziehung zwischen den Vertretern einer einflußreichen weltlichen und einer einflußreichen geistlichen Macht. 1247 »bat« der Enkel von Dschingis Khan, Fürst Göden, den Abt der bedeutenden Sakya-Schule, Sakya Pandita Kunga Gyältsen, zur Missionierung an den Mongolenhof. Die Bitte war eher ein Befehl und der Abt beeilte sich, ihm nachzukommen. In seinem Gefolge befand sich sein Neffe Pagpa Lodrö Gyältsen, der im Laufe der Zeit zum Motor der

Mongolenmissionierung wurde. Die tibetischen Mönche verbuchten große Bekehrungserfolge. Nur zwanzig Jahre nach dem Beginn ihrer Bemühungen wurde der Buddhismus zur Staatsreligion erhoben. Ähnlich wie in Tibet ein halbes Jahrtausend zuvor, übernahm vor allem die Oberschicht die Lehre des Erleuchteten, während das einfach Volk an der traditionellen Naturreligion festhielt, die vor allem von schamanistischen Praktiken bestimmt war. Dennoch änderte der Buddhismus die mongolische Politik im Laufe der Zeit grundlegend. Unter dem Einfluß der Lehre Buddhas geriet der militärische Geist in den Hintergrund. Aus dem gefürchteten Kriegervolk wurde eine Kulturnation.

Die Sakya wurden für ihre Missionsarbeit reichlich belohnt. Mit Hilfe der Mongolen konnten sie sich die Herrschaft über Tibet sichern. Dabei zeigten die Mongolen wenig Interesse, in den Alltag der Menschen einzugreifen. Sie begnügten sich mit der Rolle einer außenpolitischen Schutzmacht. So blieb die Herrschaft der Sakya nicht unangefochten. Andere Schulen, die sich mit lokalen Fürsten vebündeten, forderten die Sakya heraus. Erneut folgte eine Epoche von Instabilität und Zwistigkeit. Mancher Abt trachtete eher nach weltlichen als nach geistlichen Zielen.

Um dem ein Ende zu bereiten, trat ein Mann auf, den heute viele gern mit Martin Luther vergleichen. Tsongkapa, der »Mann aus dem Zwiebeltal« in der nordwestlichen Provinz Amdo, wurde 1357 geboren. Schon früh zeigte er ein reges Interesse an der buddhistischen Lehre. Bald erkannte er jedoch den Abgrund, der zwischen der Lehre und der Praxis vieler Mönche klaffte. In Wort und Schrift wandte er sich gegen die religiöse Heuchelei. Bei der Bevölkerung, aber auch bei vielen Geistlichen traf er damit auf große Unterstützung. Bald erkannte er, daß er eine organisatorische Basis für die Reformation benötigte. Deshalb schuf er die »Schule der Tugendhaften«, die Gelugpa. Nach ihrer Kopfbedeckung werden sie im Westen auch häufig als »Gelbmützen« bezeichnet, ein Name, den sie selbst ablehnen.

Bei seinem Tode 1419 war sein Werk gefestigt. Sein Neffe und Lieblingsschüler, Gedün Drubpa, folgte ihm als Oberhaupt der jüngsten tibetischen Schule. Der Ruf der Gelugpa erreichte bald auch die Mongolei, wo es die Lehre Buddhas noch nicht geschafft hatte, über den Hof und den Adel hinaus Fuß zu fassen. So rief 1577 der Mongolenherrscher Altan Khan das Oberhaupt der Gelugpa, Sonam Gyatso, erneut zur Missionierung ins Land. Ihm gelang, was den Sakya drei Jahrhunderte vorher nicht vergönnt war. Auch die einfache Bevölkerung schloß sich dem Buddhismus an.

Altan Khan war von dem tibetischen Gelehrten so beeindruckt, daß er ihm den Titel Dalai Lama verlieh. Das bedeutet »Lehrer des Weltmeers« oder auch »Meer des Wissens«. Um eine Ahnenreihe zu schaffen, erhielten seine beiden Vorgänger den Titel nachträglich zugesprochen. Dedün Drubpa, der Neffe Tsongkapas, wurde damit zum Ersten Dalai Lama. Unter dem Fünften setzten sich die Gelugpas – einmal mehr mit Hilfe der Mongolen – schließlich gegen die anderen Schulen in Tibet durch. Sie blieben der Tradition treu, wonach geistliche und weltliche Macht in Tibet Hand in Hand gingen. Unter den Gelugpa erreichte diese Entwicklung ihren Höhepunkt. Jede höhere Stellung im Staat war von einem Mönch und einem Adeligen besetzt und alle achteten eifersüchtig darauf, daß niemand in seinen Privilegien gegenüber den anderen eingeschränkt wurde. Ein solches System war natürlich nicht sonderlich effektiv. Die Gelugpa hatten sich zudem weit von ihrem Gründer Tsongkapa entfernt, der eine Abkehr von weltlichen Angelegenheiten gefordert hatte. Der Fünfte Dalai Lama gab auch den Anstoß für den Bau des Potala-Palastes, der heute so etwas wie ein Wahrzeichen Tibets ist. Diese Winterresidenz des Dalai Lama erstreckt sich über 420 Meter Länge und 170 Meter Höhe und beherbergt mehr als 1000 Räume. Er steht auf dem Marpori, einem der heiligen Berge der Stadt, auf dem einst Songtsen Gampo seinen Palast errichtet hatte.

Das Interesse der Chinesen

Die Zeit der friedlichen Koexistenz mit den Mongolen währte nicht für immer. In dem Maße, wie die Mongolen an Einfluß in Asien verloren, gebärdeten sich ihre Fürsten in den verbliebenen Territorien immer despotischer. Zu Beginn des 18. Jahrhunderts beherrschten die mongolischen Dsungaren das Dach der Welt. Sie kümmerten sich nicht um die Verträge, die ihre Vorgänger mit den tibetischen Äbten geschlossen hatten. Stattdessen terrorisierten sie die Bevölkerung und plünderten Tempel und Klöster.

Da die Tibeter gegen die Mongolen allein nichts ausrichten konnten, suchten sie nach Verbündeten. Der Kaiser im fernen China schien ihnen dafür geeignet. Er war mächtig genug, um die Mongolen herauszufordern, und abgelegen genug, um keine eigenen Ansprüche zu erheben; so hofften die Tibeter jedenfalls. Damals herrschte in China die Qing-Dynastie. Ihre Träger waren Fürsten des Mandschu-Volkes aus dem Nordosten des chinesischen Staatsgebiets. Von der chinesischen Bevölkerung wurden sie eher als Fremdherrscher betrachtet. Der Kaiser von China nahm den Hilferuf aus Tibet gern auf. Er schickte ein mächtiges Kontingent an Truppen, das die Dsungaren 1720 vom Dach der Welt vertrieb. Insofern ging der Plan der Tibeter auf. In den Ambitionen des chinesischen Kaisers hatten sie sich indes gänzlich verspekuliert.

Die Chinesen dachten gar nicht daran, die Dsungaren selbstlos aus Tibet zu vertreiben und sich dann wieder zurückzuziehen. Stattdessen stationierten sie ihrerseits Truppen in Lhasa. Zudem ernannten sie zwei Gesandte, sogenannte Ambane, die ihre Interessen in der tibetischen Hauptstadt wahrnehmen sollten. Die Ambane wurden bald zu einem Machtfaktor in Tibet. Sie kontrollierten die Einreise von Ausländern und beeinflußten die Auffindung des Dalai Lama. So setzten sie durch, daß der Zehnte, Elfte und Zwölfte Dalai Lama per Los ermittelt wurden. Auf den Alltag der Menschen übten jedoch weder die Ambane noch die chinesischen Soldaten nennenswerten Einfluß aus.

Wie begrenzt ihre Macht letztlich blieb, zeigte sich 1750 bei einem anti-chinesischen Aufstand. Die Ambane hatten einen ihnen feindlich gesonnen tibetischen Fürsten ermordet. Die empörte Bevölkerung stürmte daraufhin ihre Residenz, erschlug sie und mit ihnen mehrere dutzend chinesische Soldaten. 200 weitere Chinesen flohen in Todesangst unter den Schutz des Dalai Lama, dem es schließlich gelang, die Gemüter zu beruhigen. Die Antwort Pekings war eine Verstärkung der Militärpräsenz.

Mitte des 19. Jahrhunderts wurde die Qing-Dynastie entscheidend geschwächt und ihr Zerfall eingeleitet. Die Briten erzwangen in den Opiumkriegen die Öffnung des Landes. Zudem erhoben sich die Bauern im Süden Chinas gegen die verhaßten Mandschu-Herrscher. Die Schwächung der Zentralgewalt wirkte sich auch auf Tibet aus. 1894 wurden die Ambane entmachtet und die Chinesen mußten zusehen, wie Vertreter fremder Mächte, vor allem der Briten, ihren Einfluß auf Tibet ausdehnten.

1904 näherten sich britische Truppen unter Colonel Francis Younghusband der Hauptstadt Lhasa. Versuche der Tibeter, sie bei Gyantse militärisch aufzuhalten, endeten in einem Fiasko. Die tibetischen Verbände wurden von der gut ausgerüsteten und disziplinierten britischen Kolonialarmee vollständig aufgerieben. Dadurch aufgeschreckt, floh der amtierende 13. Dalai Lama zunächst in die Mongolei und ein paar Jahre später an den chinesischen Kaiserhof. In seiner Abwesenheit schloß Younghusband mit dem tibetischen Regenten, der die Geschäfte des Dalai Lama in dessen Abwesenheit verwaltete, und dem Ministerrat einen Vertrag, der den Europäern Handelsstationen in Gyantse, Gartok und Yatung zugestand und die Grenze zwischen Tibet und Sikkim festlegte. Die Ambane setzten ihre Unterschrift nicht unter das Abkommen.

Mit diesem Vertrag haben die Briten faktisch die Souveränität Tibets anerkannt. Bis heute wird er jedoch in der völkerrechtlichen Debatte über den Status Tibets kontrovers interpretiert. Für die Tibeter stellt er ein Dokument ihrer Souveränität dar. Die Chinesen sprechen den Tibetern dagegen das Recht zu einer völkerrechtlich so bedeutsamen Handlung ab. Ihrer Interpretation nach war Tibet Teil des Mandschu-Reiches und somit nicht befugt, mit anderen Nationen Verträge abzuschließen. Die Briten ziehen sich diplomatisch aus der Affäre, ohne wirklich Stellung zu beziehen. Sie billigen Tibet zwar keine Souveränität, aber eine Suzeränität zu, was eine innere Selbstverwaltung bei außenpolitischer Abhängigkeit bedeutet.

Wie problematisch die Anwendung derartiger Begriffe überhaupt ist, erläutert der Bonner Indologe und Tibetologe Michael Balk in einem Aufsatz: *»Es ging nunmehr (Anm.: zwischen 1904 und 1914) um Begriffe wie Suzeränität, Souveränität und Autonomie – Begriffe, die folgendes beinhalten: genau festgelegte Grenzen, klar bemessene Befugnisse, eindeutig definierte Hoheitsrechte. Aus der asiatischen Flexibilität in den Dingen des Lebens und der Herrschaft wurde eine europäisch geprägte Bestimmtheit in den Angelegenheiten der Politik und des verbrieften Anspruchs. Es ist charakteristisch für die chinesische Seite, daß die modern formulierten und in modernen Kategorien gemeinten Ansprüche auf und in Tibet begründet werden mit Verhältnissen und Zuständen, die vor jener Zeitenwende – wenn man so will – bestanden haben. Es wird dabei aber bewußt oder nachlässig übergangen, daß jene Verhältnisse, auf die man dabei verwies, von einer ganz anderen Art und von einem ganz anderen Zuschnitt waren als die Ansprüche, die sie begründen sollen.«*

Nach dem Rückzug der Briten aus Tibet übten die Chinesen diplomatischen Druck auf die Krone aus, der 1906 zu einem englisch-chinesischen Vertrag führte. Darin erkannten die Briten Chinas Souveränität über Tibet an.

Die Mandschus begnügten sich nicht mit diplomatischen Erfolgen, sondern schickten 1910 Truppen nach Lhasa, um die heruntergekommene Macht der Ambane zu erneuern. Wiederum floh der Dalai Lama. Diesmal suchte er bei den Briten in Nordindien Schutz. Es hatte ihn sehr beeindruckt, daß die europäische Kolonialmacht ungeachtet ihrer militärischen Stärke freiwillig aus Lhasa abgezogen war. Sein Aufenthalt in Indien, bei dem er mit der Kolonialverwaltung näher vertraut wurde, steigerte die Achtung noch. Die Effizienz der Verwaltung, das unabhängige Justizwesen, das weltliche Bildungssystem und die Infrastruktur betrachtete er als Vorbilder für sein Land.

In Tibet währte die Restauration der chinesischen Macht nicht lange. Mit dem Ausbruch der bürgerlichen Revolution in China 1911 verlor die Qing-Dynastie auch ihre Basis in Tibet. Tibetische Verbände erhoben sich im März 1912 und vertrieben die letzten chinesischen Soldaten vom Dach der Welt. Der Dalai Lama kehrte aus Indien heim und proklamierte die Unabhängigkeit des Landes. Äußere Symbole wie Flagge und Hymne begleiteten den feierlichen Akt. Dagegen versäumte es die tibetische Führung, die Souveränität international abzusichern und Verbündete zu suchen.

Doch auch die neue chinesische Führung versuchte, ihren Einfluß über Tibet zu wahren. Am 13. Oktober 1913 trafen sich Vertreter Chinas und Tibets auf Einladung der Briten in Simla, Nordindien, um erneut über den Status Tibets zu beraten. Der britische Verhandlungsführer Sir Henry McMahon schlug die Bildung eines äußeren und eines inneren Tibets vor. Das innere Tibet, bestehend aus dem Ostteil der Provinzen Kham und Amdo, sollte unter chinesischer Hoheit einen Puffer zwischen beiden Reichen bilden. Das äußere Tibet, die westlichen und zentralen Provinzen, sollte die volle innere Selbstverwaltung ohne irgendeine chinesische Präsenz erhalten. Allerdings wurde China die Entscheidung in außenpolitischen Fragen zugestanden. Das ging den Chinesen indes nicht weit genug. So scheiterte die Konferenz von Simla im Sommer 1914. Als Reaktion auf die fehlende chinesische Kompromißbereitschaft zogen Briten und Tibeter ihre Zugeständnisse zurück. In der Folgezeit spielten die Chinesen für nahezu vier Jahrzehnte keine Rolle mehr in Tibet. Das Land war unabhängig.

Die tibetische Reformbewegung

Die kritischen Medien haben ein neues Feindbild entdeckt, den Dalai Lama. Nachdem das Oberhaupt der Tibeter lange Zeit mit großer Achtung und Bewunderung von den Medien sowie der sonstigen Öffentlichkeit behandelt wurde, und schließlich sogar Hollywood zum Sympathieträger für Tibet geworden ist, fühlen sich manche Meinungsmacher offenbar aufgerufen, dem etwas entgegenzusetzen. Da dem 14. Dalai Lama in seinem indischen Exil indes keine Skandale nachgesagt werden können, konzentriert sich die Kritik auf das alte Tibet, als dessen wichtigster Repräsentant er gilt. So erklärte der Tagesthemen-Moderator Ulrich Wickert am 12. Oktober 1997 im Zusammenhang mit den Filmen ›Sieben Jahre in Tibet‹ und ›Kundun‹:

»Heute wird zurecht beklagt, daß die tibetische Kultur von den Chinesen unterdrückt wird. Darüber sollte man aber nicht vergessen, daß die tibetische Kultur aus einer Religion hervorgeht, die noch viel brutaler war und die Menschen in Tibet wie in der schlimmsten Diktatur unterdrückte. Deshalb verbietet sich jede unkritische Gefühlsduselei für den Dalai Lama und die tibetischen Mönche. – Das Wetter …«

Ulrich Wickert steht damit in der Tradition seines Vaters, des Diplomaten und langjährigen deutschen Botschafters in China, Erwin Wickert. Er schrieb in den achtziger Jahren nach den ersten großen Protesten gegen China, die vor allem von Mönchen getragen wurden:

»Von Menschenrechten haben die tibetischen Mönche keine Ahnung. Die haben sie, als sie noch herrschten, auch niemals praktiziert. Das Volk, soweit es nicht dem Adel und der Geistlichkeit angehörte, lebte damals in Leibeigenschaft. Die Tibeter lebten bis vor kurzem noch im Mittelalter.«

Noch detaillierter nahm sich das NDR-Fernseh-Magazin Panorama am 20. November 1997 des Themas an. Dort hieß es unter anderem:

»Ein amerikanischer Reisebericht aus dem Jahr 1950 dokumentiert die archaischen Zustände im alten Tibet. Diesen Gefangenen sollten Nasen und Ohren abgeschnitten werden. Erst als die Amerika-

ner protestiereten, wurde die Strafe abgemildert: 250 Peitschenhiebe. Besonders gefürchtet bei der einfachen Bevölkerung war die tibetische Mönchspolizei. Diesem Mann wurden die Augen ausgestochen, im alten Tibet eine übliche Strafe. Abgeschlagene Arme zeugten von drakonischen Urteilen. Die Mehrheit der Tibeter gehörte ihrem Feudalherren. Ohne seine Erlaubnis durften die Leibeigenen nicht einmal den Hof verlassen.

Tibet, wie es auch war, als der Dalai Lama in den fünfziger Jahren regiert hat. Der Dalai Lama heute, fast vierzig Jahre später. Noch immer beschönigt er diese Zustände und nährt damit die romantische Verklärung des alten Tibet.«

Solche Vorwürfe sind nicht neu. Die chinesische Propaganda erhebt sie seit den fünfziger Jahren, und es waren häufig immer dieselben wenigen Personen, die selbst über einen Zeitraum von Jahrzehnten als Kronzeugen für die angebliche Grausamkeit im alten Tibet präsentiert wurden. Groß kann die Auswahl an verkrüppelten Opfern nicht gewesen sein. Neu an der Berichterstattung ist jedoch, daß die Vorwürfe von Meinungsmachern aufgegriffen werden, die gleichzeitig behaupten, sie würden keinesfalls die chinesische Unterdrückung in Tibet gutheißen. Ihnen ginge es nur um die Wahrheit.

Ein solcher Anspruch fordert dazu heraus, das alte Tibet näher zu untersuchen – jenseits der Klischees von Verklärung und Verteufelung. Zweifellos war das alte Tibet kein seliges Schangrila, in dem die Menschen in Harmonie und Frieden lebten. Die Macht der Mönche und des Adels war groß, doch die westlichen Begriffe treffen die komplexe Realität kaum. Das beginnt schon mit der Bezeichnung »Feudalismus«. Zweifellos gab es feudale Strukturen und grobe Ungerechtigkeit, doch zum Feudalismus gehört die vererbbare Macht. Die gab es zwar beim weltlichen Adel, nicht aber unter den weit einflußreicheren Äbten, die sich in der Regel an das Zölibat hielten, und erst recht nicht in der Person des Dalai Lama. Zudem bildeten diese drei Säulen der Gesellschaft keine homogene Einheit. Vor allem der Dalai Lama spielte eine eigenständige Rolle. Nur zwei von bislang 14 Inkarnationen entstammten adeligen Familien. Alle anderen kamen aus einfachen Verhältnissen fernab der Hauptstadt. So starben denn auch vermutlich vier Amtsinhaber eines gewaltsamen Todes, weil sie dem Ränkespiel der Adels- und Mönchselite oder ausländischen Mächten im Wege standen. Wenn der Dalai Lama die Mordanschläge jedoch überlebte und zudem eine starke Persönlichkeit war, dann konnte er Reformen einleiten und soziale Impulse geben, denn er war keiner bestimmten Dynastie verpflichtet.

Der 13. Dalai Lama war eine solche Persönlichkeit. Er wurde 1876 geboren und führte das Land, wie erwähnt, 1912 in die Unabhängigkeit. Gleichzeitig nahm er ein umfangreiches Reform- und Modernisierungsprogramm in Angriff. Dazu zählte die Einführung eines Post- und Telegraphendienstes, eine Währungsreform zur Ankurbelung der Wirtschaft sowie die Modernisierung der Armee und Verwaltung. Tibetern, die im Ausland Erfahrungen mit einem modernen Staatswesen gesammelt hatten, übertrug er wichtige Aufgaben.

Darüber hinaus ermöglichte er die erste Bildungsreform des Landes. 1922 eröffneten weltlich gesinnte Tibeter in der Stadt Gyantse eine Schule nach englischem Vorbild. Zuvor besaßen die Klöster das Monopol der Bildung, und die Äbte waren nicht gewillt, dies kampflos abzugeben. Sie agitierten gegen die Schule als Ort, an dem die Jugend von der Tradition entfremdet werde. Nach vier Jahren gelang es ihnen, die Schule zu schließen. Damit war das Experiment vorerst gescheitert, doch der Geist der Schule lebte weiter.

Erfolgreicher war eine medizinische Reform. Medizinstudenten, die ihr Studium an den berühmten Hochschulen von Lhasa absolviert hatten, mußten nach der Ausbildung einige Jahres aufs Land gehen, um dort zu praktizieren. Damit verbesserte sich die medizinische Versorgung der Landbevölkerung erheblich.

Der 13. Dalai Lama beschnitt auch die Macht der gefürchteten Mönchspolizei während des großen Mönlam-Gebetsfestes. Der Fünfte Dalai Lama hatte der Mönchspolizei für diese Zeit eine nahezu uneingeschränkte Macht zugestanden, die jedoch immer mehr mißbraucht worden war. Als sich die Mönche über diese Einschränkung beschwerten und sich auf den Fünften Dalai Lama beriefen, antwortete ihr Oberhaupt nur: »Und wer ist der Fünfte Dalai Lama heute?«

Schließlich scheute sich der 13. Dalai Lama nicht, einflußreiche Äbte abzustrafen, wenn sie den Bauern zu hohe Abgaben auferlegten. Er verbot zudem die brutalen Körperstrafen. Allerdings wurde dies Verbot wegen der Abgeschiedenheit des Landes nicht überall sofort befolgt.

Der 13. Dalai Lama starb am 17. Dezember 1933. Damit verschlechterte sich vorübergehend das Klima für Reformen, denn manche einflußreiche Äbte sahen ihre Chance gekommen, ihre Privilegien noch einmal zu zementieren. Dennoch blieb die Epoche der Liberalisierung und Modernisierung nicht ohne Folgen.

Der 14. Dalai Lama, der am 6. Juli 1935 geboren wurde, setzte bald nach seiner Amtseinführung die Bemühungen seines Vorgängers mit Elan fort, doch blieb ihm nicht mehr viel Zeit. Eine seiner ersten Amtshandlungen war die Einsetzung einer Reformkommission, die seine Pläne von der Erneuerung Tibets in die Praxis umsetzen sollte. Zudem befreite er viele Bauern aus der Schuldknechtschaft, indem er alle Schulden, die älter als acht Jahre waren, aufhob; bei den jüngeren wurden die Zinszahlungen getilgt.

Diesmal war es jedoch nicht die Mönchs- und Adelelite, die sich der Erneuerung widersetzte, sondern die chinesische Volksbefreiungsarmee. Statt auf die einheimischen Initiativen zur Reformierung des Landes aufzubauen, schränkte sie die Macht des Dalai Lama immer mehr ein. Offenbar paßten derartige Initiativen nicht in das Bild von einem hoffnungslos verkrusteten Tibet, das China zur Rechtfertigung seiner Annektion zeichnete. Der Dalai Lama führte die Demokratisierung der tibetischen Gesellschaft im Exil fort.

Die Annektion

Am 1. Oktober 1949 rief Mao Tse-tung in Peking die Volksrepublik China aus. Die Kommunistische Volksbefreiungsarmee hatte sich im Bürgerkrieg gegen die nationalchinesische Kuomintang durchgesetzt. Der neue Führer erhob die »Heimkehr Tibet ins chinesische Mutterland« zu einem seiner wichtigsten Ziele. In Tibet gab es keine nennenswerte gesellschaftliche Gruppe, die diese Forderung unterstützt hätte. Selbst die Reformer suchten einen eigenständigen tibetischen Weg in die Moderne und lehnten einen Anschluß an die Volksrepublik China ab. So entschloß sich die kommunistische Führung in Peking zur gewaltsamen Annektion. Im Oktober 1950 eroberte die Volksbefreiungsarmee die Hauptstadt der osttibetischen Provinz Kham, Tschamdo, die als Einfallstor nach Zentraltibet gilt. Den Truppen eilten Meldungen über schwere Kämpfe und Zerstörungen nach Lhasa voraus und verbreiteten dort Angst und Schrecken.

Unter dieser Bedrohung wurde der 14. Dalai Lama mit gerade 15 Jahren vorzeitig in sein Amt als weltliches und geistliches Oberhaupt eingeführt. Seine Regierung wandte sich am 7. November an die Vereinten Nationen und beschuldigte China der Aggression. Niemand, außer dem kleinen El Salvador, nahm jedoch das sich abzeichnende Drama ernst. Um nicht in die Hände der chinesischen Truppen zu fallen, floh der Dalai Lama im Dezember ins Tschumbi-Tal an der Grenze zu Sikkim. Dort blieb er bis zum August 1951.

In seiner Abwesenheit komplimentierte die chinesische Führung eine hochrangige tibetische Delegation unter dem Minister Ngawang Dschigme nach Peking. Ihr wurde dort ein »17-Punkte-Abkommen zur friedlichen Befreiung Tibets« vorgelegt. In Punkt 1 des Abkommens heißt es unzweideutig: »Das tibetische Volk soll in die große Familie des Mutterlandes – der Volksrepublik China – zurückkehren.« Gleichzeitig sichert es den

Tibetern jedoch auch Autonomierechte zu, so unter Punkt 4: »Die Zentralbehörden werden das bestehende politische System in Tibet unverändert lassen. Die Zentralbehörden werden außerdem den bestehenden Status, die Funktionen und Befugnisse des Dalai Lama nicht antasten.« Unter Punkt 7 heißt es ergänzend: »Religion, Sitten und Gebräuche des tibetischen Volkes sollen respektiert und die Lamaklöster geschützt werden. Die Zentralbehörden werden den Klöstern unverändert ihre Einkünfte belassen.«

Am 23. Mai 1951 unterzeichnete die tibetische Delegation das Abkommen. Ihr blieb angesichts der politischen Umstände keine andere Wahl, wollten die Delegierten nicht erhebliche Repressalien riskieren. Der Dalai Lama verwarf das Abkommen später, weil es nicht auf freiwilliger Basis zustande gekommen und die Delegation von ihm nicht autorisiert war. Die Volksrepublik China aber, die wichtige Grundsätze dieses Abkommens eklatant verletzt hat, beruft sich auf dieses Abkommen, um die Annektion völkerrechtlich zu legitimieren.

Der weitere Vormarsch der Volksbefreiungsarmee verlief eher friedlich, und so kehrte der Dalai Lama aus dem Tschumbi-Tal zurück. Unmittelbar nach seinem Wiedereinzug in Lhasa, am 9. September 1951, erreichten die ersten chinesischen Soldaten die tibetische Hauptstadt. Sie traten gegenüber der Bevölkerung zurückhaltend auf, begannen jedoch sogleich mit Maßnahmen zur Verbesserung der Infrastruktur, um eine Basis für ihre Herrschaft zu schaffen. Unter Heranziehung tibetischer Arbeiter errichteten sie ein Straßennetz von 16 000 Kilometern, das Tibet mit den chinesischen Städten Chengdu, Xining, Khotan sowie dem nepalesischen Kathmandu verband. Dadurch wurde vor allem die Mobilität der Volksbefreiungsarmee verbessert und tausende chinesischer Soldaten nach Tibet verlegt. So entpuppte sich die chinesische Präsenz immer mehr als Zwangsherrschaft, doch die Tibeter waren nicht gewillt, sich widerstandslos in ihr

Schicksal zu geben. Im August 1954 brachen in Kham erste Aufstände gegen die chinesische Besetzung aus. Sie weiteten sich allmählich zu einem in der Welt kaum beachteten Guerillakrieg aus, der sich bis in die Mitte der sechziger Jahre hinzog.

Im März 1959 eskalierten die Ereignisse schließlich in Lhasa. Die chinesische Militärführung lud den Dalai Lama zu einer Theatervorführung in ihr Hauptquartier ein. Gegen alle Gepflogenheiten untersagten sie seiner Leibwache die Begleitung. Die Tibeter glaubten deshalb an einen Entführungsversuch. Der Verdacht war nicht unbegründet, denn kurz zuvor waren zwei hohe Lamas aus Osttibet bei ähnlichen Anlässen verschwunden und später in Peking wieder aufgetaucht.

Als die Bevölkerung von der verdächtigen Einladung erfuhr, machten sich Tausende zum Sommerpalast auf, um ihr Oberhaupt zu schützen. Daraufhin bezog die chinesische Volksbefreiungsarmee Stellung. Die Spannung stieg und ein friedlicher Ausweg schien nicht mehr möglich. Der Dalai Lama entschloß sich deshalb zur Flucht nach Indien.

Der große Terror

Die Folge ist bekannt: Die Volksbefreiungsarmee schlug den Aufstand brutal nieder und bombardierte den Sommerpalast im Glauben, das tibetische Oberhaupt befinde sich noch dort. Beim Sturm auf den Palast suchten die Soldaten unter den Toten und Verwundeten nach dem Dalai Lama. Schließlich mußten sie erkennen, daß er entkommen war. Als Mao Tse-tung im fernen Peking diese Nachricht erhielt, soll er gesagt haben: »Damit haben wir den Kampf um Tibet verloren.«

Für diejenigen, die nicht rechtzeitig die Flucht ergreifen konnten, begann eine Epoche härtester Unterdrückung. Die Chinesen überzogen das Land mit beispiellosem Terror, dessen

Verhaftungen durch chinesische Besatzer. Amnesty International klagt China seit Jahrzehnten wegen Menschenrechtsverletzungen in Tibet an.

Opfer nicht nur die vermeintlichen Klassenfeinde von Klerus und Adel waren. Ziel war es, alles Tibetische auszulöschen. Zudem wurde das tibetische Territorium halbiert. Am 9. September 1965 schuf China die sogenannte »Autonome Region Tibet«, die jedoch nur Zentral- und Westtibet umfaßt. Osttibet, die alten Provinzen Amdo und Teile von Kham, wurde den chinesischen Provinzen Qinghai, Gansu, Sichuan sowie Yunnan angegliedert, die alte tibetische Verwaltungsaufteilung aufgelöst. Die Hälfte der tibetischen Bevölkerung fand sich damit außerhalb Tibets wieder. Wenn die chinesische Führung von Tibet spricht, meint sie nur die autonome Region.

Heute bemüht sich das offizielle China und dessen Freunde in den internationalen Medien, allein die Kulturrevolution für die Zerstörungen verantwortlich zu machen, von der sich alle

Aus der Nobelpreis-Rede des Dalai Lama:

»Die Verleihung des Friedensnobelpreises an mich, einen einfachen Mönch aus dem weitentfernten Tibet, erfüllt auch uns Tibeter mit Hoffnung. Dies bedeutet, daß wir nicht vergessen worden sind, obwohl wir nicht gewaltsam auf unser Elend aufmerksam gemacht haben. Es bedeutet ferner, daß die von uns hochgeschätzten Werte, insbesondere unsere Achtung vor dem Leben in jeder Form und unser Glaube an die Macht der Wahrheit, heute Anerkennung finden und ermutigt werden.«

Oslo, 11. Dezember 1989

Viele Tibeter sind trotz ihrer Unterdrückung und der »politischen Umerziehung« arme und doch lachende Nomaden geblieben, die mit ihren Yak- und Ziegenherden im Land umherziehen, in Zelten wohnen und von den »neuen Herren« nichts wissen wollen. Sie glauben allein an ihren Dalai Lama und warten auf seine Rückkehr.

Tafeln 20 – 24

Tibeter im Exil. Sie feiern am 6. Juli den Geburtstag des Dalai Lama in Dharamsala und beweisen mit Maskentänzen, Theaterspiel und Opernaufführungen, daß tibetische Kultur und Tradition im Exil weiterleben.

distanzieren. Bezeichnend dafür ist die Aussage des Vorsitzenden der sogenannten »Autonomen Region Tibet«, Gyaltsen Norbu. In einem Interview mit der Wirtschaftswoche vom 1. Januar 1998 behauptete Chinas höchster Repräsentant in Tibet: »Während der Kulturrevolution wurde einiges Porzellan zerschlagen. Wie in anderen Teilen Chinas wurden dabei auch in Tibet zahlreiche Tempel und religiöse Gedenkstätten zerstört.«

Selbst offizielle chinesische Zahlen entlarven diese Sicht als Propaganda. Im Juli 1987 legte der damalige Vizegouverneur von Tibet, Pu Qiong, erstmals eine detaillierte und unverblümte Statistik der Zerstörungen vor. Danach sind 79,6 Prozent der religiösen Kultstätten und 93,9 Prozent der Mönche und Nonnen bereits vor der Kulturrevolution der religiösen Intoleranz zum Opfer gefallen. Die Zerstörungen in Tibet waren also nicht Teil allgemeiner anti-religiöser Exzesse, sondern der gezielte Versuch, das tibetische Erbe auszulöschen.

Was die Kulturrevolution allerdings prägte, war der Terror im Alltag, der alles übertraf, was das tibetische Volk jemals zuvor oder nachher erlebt hat, und dem sich niemand entziehen konnte. Schon Blumen auf der Fensterbank oder Haustierhaltung wurden als Ausdruck »kleinbürgerlicher Gesinnung« von den Roten Garden ebenso streng bestraft wie traditionelle Haartracht und Kleidung oder das weitverbreitete Kalken der Häuser zum Neujahrsfest. Am meisten fürchteten die Menschen jedoch die abendlichen Klassenkampfsitzungen, Thamzing genannt, auf denen sie ihre »revolutionäre Gesinnung« unter Beweis stellen mußten. Pema Thonden, eine Exiltibeterin, die 1979 als eine der ersten nach der Öffnung Tibets ihre Heimat besuchen durfte, berichtete darüber:

»Unter all den Qualen der Tibeter war die abendliche Kritikversammlung oder Thamzing, die Kampfsitzung, die schlimmste. Dieses Thamzing – schlimmer als der Tod oder jede Folter – wurde jeden Abend nach Beendigung der Arbeit abgehalten und dauerte bis

Zerstörte Klöster werden den Touristen nicht gezeigt. Doch sie bezeugen die unvorstellbare Kulturbarbarei auf dem Dach der Welt.

Mitternacht. Während des Thamzings wurden die Menschen gezwungen, sich gegenseitig zu kritisieren und zu schlagen.Wer sich weigerte, wurde selbst geschlagen. Nachbarn gegen Nachbarn, Schüler gegen Lehrer, Kinder gegen Eltern. Wenn du an der Reihe warst, Kritik zu üben, mußtest du ihnen, selbst wenn es deine Mutter oder dein Vater war, ins Gesicht spucken und sie mit aller Kraft treten und schlagen. Andererseits drohte dir, weil du es nicht mit genügendem Ernst tatest, dasselbe.«

Von diesen Verbrechen hat sich Tibet bis heute nicht erholt, zumal die Vernichtung der Kultur mit subtileren Methoden weitergeführt wird. Die Ansiedlung von Millionen Chinesinnen und Chinesen, die Einschränkung der Religionsfreiheit, die Zerstörun der ökologischen Grundlage sowie die brutale Repression gegen

Die Menschen halten an ihrem Erbe, ihrem Glauben und ihrer Hoffnung in den Dalai Lama fest.

alle, die sich gegen diese Entwicklung wehren, lassen es heute zweifelhaft erscheinen, ob die tibetische Kultur in Tibet langfristig noch eine Chance hat. Die Menschen selbst halten jedoch ungeachtet aller Schwierigkeiten an ihrem Erbe fest. Solange sie sich nicht aufgegeben haben, besteht auch noch die Hoffnung, daß zweitausend Jahre tibetische Geschichte nicht an der Schwelle zum 3. Jahrtausend endet.

Klemens Ludwig

Die prägende Kraft der Religion

Wer an Tibet denkt, denkt zumeist auch an den Buddhismus. Tatsächlich geht die Wertschätzung, die Buddhas Lehre im Westen seit einiger Zeit erfährt, maßgeblich auf die tibetische Praxis zurück. Die Verbindung von Religionsverfolgung in der Heimat und zunehmender Popularität in der übrigen Welt hat bereits der große Gelehrte und Tibet-Missionar Padmasambhava im 8. Jahrhundert prophezeit. Seine häufig zitierte Weissagung lautet: »Wenn der Eisenvogel fliegt, werden die Tibeter wie Ameisen über die Welt zerstreut werden.« In der Tat hatte die chinesische Volksbefreiungsarmee bei ihrer Besetzung Tibets nichts Eiligeres zu tun, als Flugplätze anzulegen, um auch mit der Luftwaffe in Tibet einzugreifen, denn dagegen waren die tibetischen Verbände machtlos. So wurden die Tibeter zu Flüchtlingen, die weit über Asien hinaus eine neue Heimat fanden. Die Flüchtlinge hatten einiges zu bieten; eine Religion und eine Ethik, die im abendländischen Kulturkreis bis dahin allenfalls einigen religionswissenschaftlichen Experten und Asienfreunden bekannt war.

Es mag überraschend erscheinen, daß ausgerechnet die tibetische Form des Buddhismus diese Religion in der nichtbuddhistischen Welt bekanntgemacht hat. In Tibet selbst hat der Buddhismus nämlich erst sehr spät Fuß gefaßt. Zudem ist der tibetische Buddhismus, zumindest in seiner volkstümlichen

Form, von der reinen Lehre des Buddha sicher am weitesten entfernt. Er hat viele Elemente der zuvor verbreiteten Bön-Religion in sich aufgenommen.

Prinz Siddharta Gautama

Die buddhistische Lehre stammt aus dem 6. Jahrhundert vor unserer Zeitrechnung. Ähnlich wie das Christentum aus dem Judentum, so ist der Buddhismus aus dem hinduistischen Umfeld hervorgegangen. Religionsstifter war Prinz Siddharta Gautama aus Lumbini im heutigen indisch-nepalesischen Grenzgebiet. Manche Forscher datieren sein Geburtsjahr auf 563 v. Chr.; die südasiatische Tradition nennt den 8. Mai 544. Der Neugeborene erklärte der Legende nach bereits bei seiner Geburt, er werde der Welt die Erleuchtung bringen.

SeinVater, ein hinduistischer König, war von der religiösen Ausrichtung seines Sohnes nicht angetan, denn er fürchtete um sein politisch-militärisches Erbe. Deshalb bereitete er ihn in der Abgeschiedenheit des heimischen Schlosses auf die Thronfolge vor. Im Alter von 29 Jahren entkam Prinz Siddharta dem goldenen Gefängnis und wurde mit dem Elend der Welt konfrontiert. Davon überwältigt, verließ er den Fürstenhof und zog mehrere Jahre als Asket und Eremit auf der Suche nach Erlösung durch Nordindien. Doch nicht durch Askese, sondern durch meditative Versenkung erreichte er schließlich unter einem Feigenbaum im Gazellenhain von Sarnath (bei Varanasi/Benares, Nordindien) die Erleuchtung. Noch am selben Ort hielt er seine erste Predigt. Damit setzte er das Rad der Lehre in Bewegung, das heute symbolisch als Sonnenrad auf allen tibetischen Tempeln und Klöstern zu sehen ist. Anschließend verbrachte er mehrere Jahre als Wanderprediger in seiner Heimat, bevor er 480 v. Chr. die Erde verließ.

Eine neue Lehre

Streng genommen ist der Buddhismus eine atheistische Religion ohne Bezug zu einem Schöpfergott oder höheren Mächten und ohne Verheißung auf ein Paradies oder eine göttliche Ordnung. Indem es keinen Gott gibt, fehlt letztlich auch eine Instanz, vor der die Menschen sich verantworten müssen, von der sie geleitet werden, oder an die sie sich wenden können. Der Buddhismus ist stattdessen auf ein Nirwana ausgerichtet, einen Zustand, in dem alle Bedürfnisse, Wünsche und Sehnsüchte aufgehoben sind. Seinem Lieblingsjünger Ananda erklärte der Erleuchtete kurz vor dem Eintritt ins Nirwana: »*Das Eingehen in die Unendlichkeit des Raumes, die Vernichtung von Wahrnehmung und Empfindung, das ist das Ziel.*« Es liegt in der Verantwortung eines jeden Einzelnen, dieses Ziel zu erreichen.

Die Lehre Buddhas beinhaltet als Kern die »Vier Edlen Wahrheiten«. Diese besagen:

1. Das Leben ist dem Leiden unterworfen.
2. Das Leiden resultiert aus menschlichen Eigenschaften wie Haß, Gier, Neid, Sinnlichkeit und Unwissenheit.
3. Der Mensch kann sich selbst aus dem Leid befreien.
4. Der Weg zur Befreiung vom Leid ist in der Lehre aufgezeichnet.

Dieser Weg wird oft auch als »Edler Achtgliederiger Pfad« bezeichnet, der folgende ethische und sittliche Normen enthält: die rechte Anschauung, die rechte Gesinnung, die rechte Rede, das rechte Handeln, den rechten Lebenserwerb, das rechte Bemühen, das rechte Überdenken, die rechte Konzentration. Wenn dies befolgt wird, gelangt der Mensch schließlich zur »rechten Befreiung«, das heißt, dem Ausstieg aus dem Kreislauf der Wiedergeburten und dem Eingang ins Nirwana.

Die Lehre, die auch Dharma genannt wird, und die noch zu Lebzeiten Buddhas entstandene Mönchsgemeinde Sangha wurden zum Kern der Religion. Buddha und seine Nachfolger gaben die Lehre zunächst mündlich weiter. Erst Jahrhunderte später wurde sie schriftlich fixiert und zwar in Pali, einer Literatursprache, deren Ursprung nicht gänzlich geklärt ist.

Auf dem dritten buddhistischen Konzil 244 v. Chr., zur Zeit des großen indischen Königs und Förderers des Buddhismus, Ashoka, begann die Spaltung des Buddhismus in zwei große Richtungen. Die eine ist der Theravada (Lehre der Alten), der auch als Hinayana bezeichnet wird (Kleines Fahrzeug), und die andere der Mahayana (Großes Fahrzeug). Der Theravada verfolgt das Ziel, seinen Anhängern einen individuellen Weg zur Erleuchtung zu zeigen.

Der Mahayana, der sich endgültig um die Zeitenwende als eigene Richtung konstituierte, gilt allgemein als weniger streng und sozialer ausgerichtet. In seiner Lehre geht es auch um die Erleuchtung aller Lebewesen, wobei das Mitgefühl an die erste Stelle der Tugenden gesetzt wird. Hier spielen die Bodhisattvas eine große Rolle, Wesen, die eigentlich erleuchtet sind und in das Nirwana eingehen könnten, jedoch freiwillig darauf verzichten, um allen anderen nichterleuchteten Wesen auf dem Weg zu helfen.

Der tibetische Vajrayana-Buddhismus

Ungeachtet der buddhistischen Prinzessinen Bhrikuti Devi und Wencheng war es der indische Gelehrte Padmasambhava, der in der zweiten Hälfte des 8. Jahrhunderts den Grundstein zur Verbreitung der Lehre Buddhas in Tibet legte. Er war ein Vertreter des Vajrayana oder tantrischen Buddhismus, eines Zweiges des Mahayana. Der tantrische Buddhismus war um 500 n. Chr. entstanden und stark vom hinduistischen Shiva-Kult beeinflußt. In Teilen Indiens dominierte er bis zum Einfall der Moslems im 10. Jahrhundert.

Im tantrischen Buddhismus sind magische Rituale und mystische Kulte als Mittel der Erlösung willkommen. Viele große Gelehrte praktizierten den Tantrismus, weil sie mit dem Studium der Schriften allein nicht zur Erleuchtung gelangen konnten. Diese Richtung erfordert eine jahrzehntelange Praxis, um sie sinnvoll anzuwenden. Gleichzeitig steht sie immer in Gefahr mißbraucht zu werden. Schwarzmagier, die ihre Kräfte nutzten, um sich selbst weltliche Vorteile zu verschaffen und anderen Schaden zuzufügen, waren in Tibet durchaus nicht selten.

770 n. Chr. gründete Padmasambhava das älteste buddhistische Kloster Tibets, Samye, das 60 Kilometer südöstlich von Lhasa am Tsangpo-Fluß liegt. Neun Jahre später erhob König Trisong Detsen den Buddhismus zur Staatsreligion, und auf einem Konzil in Samye von 792 bis 794 n. Chr. wurde der tantrische Buddhismus gegenüber dem chinesischen Zen-Buddhismus als bestimmende Richtung festgelegt. Seine organisatorische Basis wurde die Nyingmapa-Schule, die Schule der Alten.

Die traditionelle Bön-Religion

Padmasambhava verzeichnete nicht zuletzt deshalb so große Bekehrungserfolge, weil der tantrische Buddhismus der traditionellen Bön-Religion ähnlich war – zumindest in manchen praktischen Ritualen.

In einem Land, in dem die Menschen dem Einfluß einer extremen Natur so sehr ausgesetzt sind wie in Tibet, spielt die Religion natürlich eine große Rolle. Hinter vielen Naturphänomenen wurde das Walten der Götter gesehen. Die Menschen in Tibet hatten deshalb eine ganze Reihe von religiösen Zeremonien entwickelt, um die Götter friedlich zu stimmen. Vor dem Siegeszug des Buddhismus war die Bön-Religion weit verbreitet. Doch auch sie ist nicht rein tibetischen Ursprungs, sondern eine typisch synkretistische Religion; das heißt, sie vereint mehrere Glaubensrichtungen. In den Anfängen der tibetischen Geschichte folgten die Menschen einer nicht näher bezeichneten und erforschten Naturreligion. Typisch dafür war die Vorstellung, daß die Welt mit ihren Erscheinungen wie Bergen, Seen, Wäldern, Bäumen und anderem von guten und bösen Geistern bewohnt, also beseelt, ist. Diese Anschauung übernahm auch die Bön-Religion.

Weitere Einflüsse kamen aus dem Gebiet des heutigen Iran. Der Manichäismus sowie die Lehre Zarathustras prägten die Glaubensvorstellungen der Bön-Anhänger. Zarathustra wirkte zu Beginn des 6. vorchristlichen Jahrhunderts in Persien; der Manichäismus entstand dort ein knappes Jahrtausend später. Beide Lehren beinhalten ausgeprägte dualistische Vorstellungen, wonach die gesamte irdische Existenz durch einen Kampf zwischen Gut und Böse bestimmt wird.

Nach der buddhistischen Missionierung beeinflußten sich die beiden Religionen in Tibet gegenseitig. Die Bön-Anhänger begannen, ihre Lehre systematisch zu erfassen. Ihre ältesten Texte gehen auf das 11. Jahrhundert zurück. Die Bön-Religion hat sich bis heute in Amdo sowie in Teilen Westtibets erhalten und weiterentwickelt. Dies zeigt auch die Toleranz des Buddhismus, der ungeachtet der Kämpfe im 9. und 10. Jahrhundert, den Bön-Anhängern ihren Raum gelassen hat.

Padmasambhava wiederum hat die traditionellen Gottheiten und Riten nicht bekämpft, sondern in die neue Religion integriert. Aus Bön-Kulten wurden buddhistische Kulte, und so erlangte die neue Lehre allmählich eine Basis in der Bevölkerung. Mit dem tantrischen Buddhismus und der Bedeutung, die Magie und Rituale darin haben, war die Synthese möglich.

Von Bön leitet sich übrigens auch der Eigenname Tibets ab. Die Tibeter nennen ihr Land Böd und sich selbst Bödpa. Böd geht in der sprachgeschichtlichen Entwicklung auf Bön zurück und ist durch Lautverschiebung entstanden. Die Silbe »pa« ist ein Nominalpartikel, der ein Substantiv personifiziert, ähnlich wie im Deutschen das Anhängsel »-er«. Wörtlich übersetzt sind die Tibeter also die Bön-»er«, die Anhänger der Bön-Religion. Bön selbst bedeutet im Alttibetischen »singen« oder »rezitieren« und signalisiert die Bedeutung von Gesängen in der Religion.

Die buddhistischen Schulen

Mit der zweiten Verbeitung der Lehre durch den indischen Missionar Atisha im 11. Jahrhundert ist der Buddhismus nicht nur nominell, sondern auch faktisch zur Staatsreligion in Tibet geworden. In den folgenden Jahrhunderten entstand das religiöse Gefüge, das Tibet bis zu seiner Besetzung durch die Volksrepublik China geprägt hat.

Atisha unterschied sich grundlegend von dem populären Padmasambhava. Unter dem Eindruck des Mißbrauchs der Magie in der Epoche nach dem Zerfall des tibetischen Königtums, wandte sich Atisha von der magischen Praxis ab und stellte das Studium der Mahayana-Philosophie ins Zentrum seiner Lehre. Als Basis für seine Tätigkeit gründete er den Kadampa-Orden, der Klöster im ganzen Land errichtete. Die Mönche waren einer strengen Ordensdisziplin unterworfen, zu der auch das Zölibat gehörte. Die Nyingmapa, der Orden, der auf Padmasambhava zurückgeht, schlossen sich den Kadampa nicht an, sondern beharrten auf ihrer Eigenständigkeit. So begann die Aufspaltung des tibetischen Buddhismus in verschiedene Schulen.

Noch zu Lebzeiten Atishas beeinflußten zwei weitere indische Gelehrte die Entwicklung in Tibet, obwohl sie selbst das

Land nie besucht hatten, Tilopa und sein Schüler Naropa. Sie lehrten einen Mittelweg zwischen dem Studium der Schrift und den tantrischen Ritualen. Damit beeinflußten sie Guru Marpa, einen Tibeter, der ein besonderes Interesse am Buddhismus zeigte. Er zog deshalb nach Indien und wurde Naropas Schüler. Nach einer langen Lehrzeit kehrte er in seine Heimat zurück, wo er zum ersten bedeutenden einheimischen Lehrer des Buddhismus wurde. Er gründete die Kagyüpa-Schule, deren geistiger Ursprung die Lehren Naropas bildeten. Sie unterschieden sich sehr von den Lehren der Kadampa, denn sie betonten Yoga und Meditation und lehnten das Zölibat ab; Marpa selbst war verheiratet.

Guru Marpa starb 1090 im Alter von 78 Jahren. Sein wichtigster Schüler, Milarepa, war damals 50 Jahre alt und wurde zu einer der außergewöhnlichsten Persönlichkeiten der tibetischen Geschichte.

Milarepa lebte von 1040 bis 1123. Er war Mystiker, Yogi, Einsiedler und Dichter. Die größte Bewunderung verschaffte er sich aber dadurch, daß er in einem Leben zur Erleuchtung, zur Buddhaschaft, gelangte. Der Weg dorthin war schwer, denn Marpa war ein harter Lehrer. Milarepa kam zu ihm, weil er in seiner Jugend ein schweres Verbrechen begangen hatte, für das er sühnen wollte. Die Sühne wurde zum Weg der Erleuchtung. Milarepa mußte willkürlich erscheinende körperliche Torturen über sich ergehen lassen und sich mentalen Konzentrationsübungen unterwerfen, die zur völligen Kontrolle über die Körperfunktionen führten.

Durch seinen unbeugsamen Willen konnte er alle Aufgaben erledigen. Nach der Erleuchtung zog er sich zur ständigen Meditation in einsame Höhlen zurück und dichtete: »*Der Adler bin ich, der über den Bergen kreist. Befreit bin ich und ledig jeder Fessel ...*«. Tatsächlich hat er sich von allen materiellen Anhaftungen lösen können. Eine Legende besagt, daß irgendwann auch sein letztes Besitzstück, eine Trinkschale, zerbrach. Dies nahm er mit großer Erleichterung zur Kenntnis, denn er hatte ja seine Hände zum Trinken. Seine dichterische Begabung war ebenso bedeutend wie seine spirituelle. Sein Repertoire umfaßte religiöse Lieder und Hymnen an Buddha ebenso wie Spottverse auf die Heuchelei und Bigotterie mancher Kleriker. Milarepas Popularität hat im Laufe der Jahrhunderte nichts eingebüßt. Neben Padmasambhava und dem späteren Reformator Tsongkapa wird er von den Menschen noch immer besonders verehrt.

Die Kagyüpa- und Kadampa-Schulen waren nicht die einzigen Neugründungen nach der Jahrtausendwende. Ein religiöser Aufbruch erfaßte das Land. Nach Jahrzehnten der Unruhe und Unsicherheit war das Bedürfnis nach Regeln und verbindlichen Lehren weit verbreitet, egal ob es sich um dogmatische Studien oder tantrische Rituale handelte. Besonders zu erwähnen sind die Sakyapa, deren Hauptkloster Sakya aus dem Jahr 1073 stammt. Sie leisteten wichtige Beiträge zur buddhistischen Logik und Dogmatik und begannen die Mongolen-Missionierung. Im 12. Jahrhundert übernahmen sie vorübergehend die Vorherrschaft in Tibet.

Zu dieser Zeit gab es vier wichtige Richtungen innerhalb des tibetischen Buddhismus:

- die alte Nyingmapa-Schule, die auf Padmasambhava zurückgeht;
- die Kadampa von Atisha;
- die Kagyüpa in der Tradition von Guru Marpa;
- die Sakyapa, die den Kadampa nahestanden.

Sangha – Die Klostergemeinschaft

Die Klostergemeinschaft spielte in allen Schulen eine wichtige Rolle, wie es schon Buddha gefordert hatte. Es gab auch Nonnenklöster, doch erlangten sie nie die Bedeutung der Mönchsklöster. Grundsätzlich bietet der Buddhismus auch den Frauen die Möglichkeit zur Erleuchtung, doch ihr Weg ist schwieriger. Buddha selbst zögerte lange, Frauenorden zuzulassen. Erst kurz vor seinem Tod stimmte er auf ausdrücklichen Wunsch von Ananda, seinem Lieblingsjünger, der vollen Ordination von Frauen zu. Insofern blieb der Buddhismus der partriarchalen Tradition des Hinduismus treu, und Buddha war in dem Punkt ein Kind seiner Zeit.

Der Dalai Lama bemüht sich dagegen heute um eine Überwindung des patriarchalen Denkens und fördert die Frauen in den Exilgemeinden. Auf einem Vortrag in Amsterdam erklärte er zu der patriarchalen Tradition des Buddhismus: »Als Buddha vor 2500 Jahren in Indien lebte, hat er den Männern den Vorzug gegeben. Wenn er heute als blonder Mann in Europa lebte, würde er vielleicht den Frauen den Vorzug geben.«

Die Klöster hatten immer großen Zulauf und wurden zu einer der mächtigsten Institutionen im Staat. Bis zur chinesischen Besetzung waren sie zudem die wichtigsten Ausbildungsstätten. Dies sicherte den Mönchen große Macht, die sich jedoch auf geistige Einflußnahme und nicht auf Gewalt gründete. Zudem lag die medizinische Versorgung in der Hand der Mönche.

Im Umkreis der Klöster siedelten aus religiösen und praktischen Gründen zumeist Bauernfamilien. Viele glaubten, die Nähe zu einem Kloster verschaffe ihnen einen besseren Zugang zur buddhistischen Lehre und wirke sich positiv auf die nächste Wiedergeburt aus. Zudem konnten die Bauern Land von den

Mönchen pachten und so ihren Lebensunterhalt sicherstellen. Die Pachtverhältnisse unterschieden sich von Region zu Region und können nicht verallgemeinert werden. Es gab Äbte, die ihre Machtposition ausnutzten und den Bauern unverhältnismäßig hohe Abgaben auferlegten. Konnten die Bauern nicht zahlen, drohten schwere Strafen. Aber das war nicht die Regel. In vielen Fällen lebten Mönche und Bauern einträchtig miteinander, und die Abgaben hielten sich in vertretbaren Grenzen.

Am Ende des 12. Jahrhunderts standen die Äbte der großen Klöster den Fürsten an Macht und Einfluß in nichts nach, und natürlich gab es manche, die sich nicht nur geistlichen Dingen widmeten. So unterliegt die Beurteilung der monastischen Struktur des alten Tibet vielen Vorurteilen und Fehleinschätzungen.

Teilweise lebte ein Drittel der männlichen Bevölkerung im Kloster. Die chinesische Regierung und ihr nahestehende Personen behaupten immer wieder, die Mönche hätten auf Kosten der Landbevölkerung gelebt und sich ganz »unproduktiven« Dingen wie der Meditation und dem Studium hingegeben. Dieser Vorwurf geht an der Wirklichkeit weit vorbei. Etwa 80 Prozent der Mönche waren sogenannte Arbeitsmönche. Ihre wichtigste Beschäftigung bestand darin, die klostereigenen Ländereien zu bewirtschaften oder als Handwerker zu arbeiteten. Damit waren die Klöster vollständig autarke Einheiten. Die Arbeitsmönche genossen dennoch keinen guten Ruf im Land. Sie galten als roh und brutal. Nur eine Minderheit konnte sich geistigen Tätigkeiten hingeben. Dies waren Mönche, die bereits in ihrer Kindheit als besonders begabt aufgefallen waren oder die eine bedeutende Inkarnationsreihe repräsentierten.

Die Reinkarnation

Die Reinkarnation, wörtlich »Wieder-Fleischwerdung« oder »Wieder-Verkörperung« zählt zu den Besonderheiten des tibetischen Buddhismus. Zwar glaubt die gesamte hinduistische und buddhistische Tradition an die Wiedergeburt der Seele nach dem Tode in einem neuen Körper, doch kaum einem Individuum ist bewußt, was seine Rolle und Funktion in den früheren Leben gewesen sein mag. Im tibetischen Buddhismus ist dies anders, doch geht es nicht um das Individuum, sondern um ein bestimmtes Amt oder eine Position, etwa die eines Abtes eines großen Klosters. Das Individuum ist ja höchst vergänglich; es ist nur die körperliche Hülle, die ein Buddha, Bodhisattva oder ein anderer Heiliger angenommen hat. Wichtig ist seine Rolle. Wenn also ein bedeutender religiöser Wüdenträger stirbt, ist zwar eine Person vergangen, nicht aber das Amt, das sie bekleidet hat, und damit die zugrundliegende Inkarnationsidee. Nach der Lehre vom Kreislauf der Wiedergeburten kehrt der Verstorbene in einem neugeborenen Kind zur Erde zurück. Die Suche nach dem Neugeborenen, das dieselbe Inkarnationslinie verkörpert, obliegt bedeutenden Äbten und verlangt große Anstrengungen. Für eine westlich-rationalistische Weltsicht zählt dieser Aspekt zu den schwer verständlichen Bestandteilen des tibetischen Buddhismus.

In manchen Fällen hat der Verstorbene konkrete Hinweise auf seine neue Inkarnation hinterlassen. Fehlen diese, können Naturereignisse wie Wolkenkonstellationen auf die neue Wiedergeburt hindeuten und den Zurückgebliebenen wichtige Hinweise geben, wo sie suchen müssen. Auch Träume von Mitgliedern der Suchkommission dienen dazu. Sobald einige infrage kommende Kinder ermittelt werden, müssen sie sich einer strengen Prüfung unterziehen. Sie müssen zum Beispiel Gegenstände aus dem privaten Besitz des Toten identifizieren und von fremden unterscheiden können. Auch körperliche Merkmale, die zur Besonderheit des Verstorbenen gehört haben, sollten bei dem Neugeborenen wiederzuerkennen sein. Beim Dalai Lama zählen dazu etwa die ungewöhnlich großen Ohren.

Bis eine neue Inkarnation zweifelsfrei erkannt ist, können Jahre vergehen. Ist sie gefunden, wird das Kind der Obhut seiner Eltern entzogen und in dem zuständigen Kloster auf seine kommenden Aufgaben vorbereitet. Ein Vormund übernimmt bis zur Volljährigkeit die weltlichen Angelegenheiten, die in den Zuständigkeitsbereich der entsprechenden Inkarnation fallen. Das Reinkarnationskonzept betont also die geistige Kontinuität, im Gegensatz zur körperlichen, der Ahnen- und Erbenreihe.

Die Schule der Tugendhaften

Der religiöse Aufbruch erlahmte irgendwann angesichts der wachsenden weltlichen Macht. Intrigen, Machtkämpfe und ein rascher Verfall der religiösen und politischen Moral waren die Folge. Mönche frönten dem Alkohol und sexuellen Ausschweifungen, obwohl beides nach Buddhas Lehre streng verboten ist. Diesmal kam die Hilfe nicht aus Indien, sondern aus der nordosttibetischen Provinz Amdo. Dem Reformator Tsongkapa gelang es, den religiösen Bereich grundlegend neu zu gestalten und die politische Entwicklung entscheidend zu beeinflussen.

Tsongkapa, der 1357 geboren wurde, litt früh unter der Kluft, die zwischen der Lehre Buddhas und dem Treiben seiner Nachfolger klaffte. Er begnügte sich nicht mit der Kritik an den Mißständen, sondern gründete die »Schule der Tugendhaften«, die Gelugpa, die auf großen Zulauf stieß. Die Gelugpa fordert eine strenge Ordensdisziplin. Vollordinierte Mönche müssen die auf Buddha zurückgehenden 253 Ordensregeln befolgen. Dazu gehören das Zölibat und regelmäßige Fastenübungen. Nah-

Pilgerfahrt zum heiligen Berg Kailash. Früher reisten tibetische Pilger zu Fuß oder per Yak, heute gibt es »Fahrgemeinschaften« auf chinesischen Lkw's. Das Bild zeigt eine Pilgergruppe während der typischen Lunchrast, bei der am offenen Feuer gekocht wird.

Tafel 27

Yak-Karawanen sind die traditionelle und noch immer gültige Reisemethode in den straßenlosen Hochtälern Tibets.

Yak-Karawane mit Bergsteigergepäck auf dem Weg zum Mount Everest. Selbst auf 5000 Metern Höhe gibt es mit den Tragtieren keine ernsthaften Schwierigkeiten.

Mittagsrast von Karawanenführern. Blitzschnell wird ein Feuer aus getrocknetem Yak-Dung entzündet und eine heiße, sehr fetthaltige Suppe gekocht.

Was Chinesen und Tibeter oft als Straße bezeichnen, verdient in unseren westlichen Augen eher den Begriff »off road«. Hier versuchen wir, unseren Versorgungs-Lkw (mit Treibstoff, Proviant und Lagerausrüstung) auf der Südroute zum Kailash wieder flott zu bekommen.

Tafel 30

rungserwerb und -aufnahme sind nur in der ersten Hälfte des Tages erlaubt. Dann muß die Befriedigung der körperlichen Bedürfnisse abgeschlossen sein, um sich ganz der geistigen Entwicklung hingeben zu können. Schwarze Magie und Okkultismus wurden von Tsongkapa verboten.

Tsongkapa ging mit guten Beispiel voran und überzeugte durch sein bescheidenes Leben. Als Basis für seine Reformbewegung gründeten er und seine Nachfolger drei Klöster, die bis zur chinesischen Besetzung 1959 als Säulen des tibetischen Staates galten: Drepung, in dem zur Blütezeit etwa 10000 Mönche lebten, Sera mit 7000 und Ganden mit 5000 Mönchen. Die Klöster entstanden nach einem ähnlichen Muster am Fuße schutzbietender Berghänge. Im unteren Teil befanden sich die Wohnräume der einfachen Mönche sowie Magazine und Lagerhallen. Im oberen Teil und durch die großzügige Anlage leicht zu unterscheiden, standen die Zeremonienhallen, die Orte für die religiöse Praxis und den Unterricht. In der Hauptstadt Lhasa restaurierten die Gelugpa-Mönche die heruntergekommenen Tempel Ramotsche und Jokhang.

Von den existierenden Schulen ging die Kadampa in der neuen Richtung auf, während die Nyingmapa, Kagyüpa und Sakyapa ihre Eigenständigkeit behaupteten.

Als Tsongkapa 1419 starb, hatte sein Reformwerk bereits feste Formen angenommen. Sein Neffe und Lieblingsschüler Gendün Drubpa setzte sein Vermächnis fort. Mit ihm begann die Inkarnationsreihe des Dalai Lama. Der Titel stammt von den Mongolen und bedeutet »Meer des Wissens« oder »Lehrer des Weltmeers«. Der Dalai Lama gilt als Reinkarnation des Bodhisattva Tschenresi (auf Sanskrit: Avalokiteshvara), des Bodhisattvas der Barmherzigkeit. Tschenresi wird von den Tibetern gleichzeitig als ihr Stammvater betrachtet. Gendün Drubpa wußte noch nichts von seiner Auszeichnung. Erst sein übernächster Nachfolger Sonam Gyatso, der erfolgreich die Bekehrung der

Der Potala – das geistige Zentrum Tibets. Seit Jahrhunderten Sehnsucht und Ziel für Millionen asiatischer Pilger.

Mongolen betrieb, wurden von deren Herrscher Altan Khan damit geehrt.

Unter den frühen Inkarnationen des Dalai Lama ragt die Fünfte hervor, die von 1617 bis 1680 gelebt hat. Allerdings zeichneten den »Großen Fünften« nicht nur spirituelle Begabungen, sondern auch ausgeprägter machtpolitischer Instinkt aus. Unter seiner Regentschaft setzten sich die Gelugpa als führende Schule in Tibet durch. Die rivalisierenden Kagyüpa wurden rücksichtslos verfolgt. Viele ihrer Mönche mußten zu den Gelugpa konvertieren oder aus deren Herrschaftsgebiet in andere Himalaya-Regionen auswandern. Auch die Bön-Anhänger wurden Opfer von Verfolgung. Erst mit der Festigung der Gelugpa-Macht wurde der »Große Fünfte« toleranter. Vor allem die Nyingmapa erfreuten sich seiner Förderung und gewannen zusehends an Einfluß.

Zu seinen Verdiensten zählt die Verbesserung der Verwaltung. Auch der Bau des Potala-Palastes auf dem Marpori-Berg sowie die Etablierung des Staatsorakels von Netschung und des Pantschen Rinpotsche gehen auf ihn zurück. Der Potala-Palast, der Wintersitz des Dalai Lama, ist so etwas wie das Wahrzeichen von Tibet. Sogar die Chinesen haben ihn während der Zeit der großen Zerstörungen unangetastet gelassen; angeblich aufgrund der persönlichen Fürsprache von Ministerpräsident Chou Enlai. Mit 420 Metern Länge, 170 Metern Höhe und mehr als 1000 Räumen thront er noch immer über Lhasa. Im Dezember 1994 wurde er von der UNESCO als besonders schützenswertes Weltkulturerbe anerkannt.

Das Staatsorakel von Netschung, dessen Sitz einen Kilometer vom Kloster Drepung entfernt liegt, zählt ebenfalls noch immer zu den wichtigsten religiösen Institutionen. Seine heutige Inkarnation ist dem Dalai Lama ins indische Exil gefolgt. Traditionell handelte es sich bei den Orakelpriestern um Männer mit übernatürlichen geistigen Fähigkeiten. Durch hochentwickelte meditative Übungen waren sie in der Lage, ihr Bewußtsein zu verändern. Ihrer Auffindung und Ernennung ging eine besonders strenge Prüfung voraus, denn die Orakelpriester zählten zu den einflußreichsten Personen im Staat. Wenn eine wichtige Entscheidung zu fällen war und alle rationalen Argumente nicht mehr weiterhalfen, wurden sie gefragt. Durch Körperübungen und Rauschmittel versetzten sie sich in einen Trancezustand, in dem sie nicht mehr Herr über ihre Sinne waren. Die Stimme, die dann aus ihnen sprach und Ratschläge erteilte, galt als Orakelgott Pehar. Die Nähe zu schamanistischen Praktiken der Naturreligionen drängt sich auf, und vermutlich spielten Einflüsse des Bön bei der Etablierung des Staatsorakels eine wichtige Rolle.

Der Pantschen Rinpotsche

Auch die dritte wichtige Maßnahme des Fünften Dalai Lama wirkt bis in die heutige Zeit hinein. Er verlieh seinem Lehrer Lobsang Choekyi Gyältsen den Titel Pantschen Rinpotsche, was »kostbarer Lehrer« bedeutet. Im Ausland ist er eher als Pantschen Lama bekannt. Auch in diesem Fall erhielten seine drei Vorgänger den Titel nachträglich zugesprochen. Der Pantschen Rinpotsche residiert im Kloster Taschi Lhünpo in Schigatse. Er gilt als Inkarnation des Buddha Amitabha, des Buddhas des unendlichen Lichts. Damit steht der Pantschen Rinpotsche streng theologisch über dem Dalai Lama, der ja »nur« einen Bodhisattva verkörpert. Dies Problem lösen die Tibeter, indem sie den Dalai Lama auf die höchste Bodhisattva-Stufe stellen, die bereits einem Buddha gleichkommt.

Komplizierter als die theologischen sind indes die politischen Probleme. Der Fünfte Dalai Lama hatte mit seinem Schritt unversehens den Grundstein für eine Rivalität innerhalb der tibetischen Hierarchie gelegt, die von der chinesischen Führung bis heute ausgenutzt wird. Der Pantschen Rinpotsche war nicht selten die chinesische Karte im Kampf um die Macht in Tibet. Das große Interesse Pekings dokumentiert die Auseinandersetzung um den amtierenden Pantschen Rinpotsche.

Die vorletzte Inkarnation starb am 28. Januar 1989. China erlaubte danach eine offizielle Kommission unter Führung des Abtes von Taschi Lhünpo, Chadrel Rinpotsche, nach der neuen, der elften, Inkarnation zu suchen. Chadrel Rinpotsche galt als loyal gegenüber den Chinesen. Die Mönche fanden 1995 in Lhari im zentraltibetischen Bezirk Nagtschu einen Knaben namens Gedhun Choekyi Nyima, der alle Voraussetzungen erfüllte, diese Inkarnation zu sein. Ohne in Peking um Erlaubnis zu fragen, setzte sich Chadrel Rinpotsche mit dem Dalai Lama im Exil in Verbindung, damit auch er die neue Inkarnation bestätigen konnte.

Für den Dalai Lama war das ein schwieriger Schritt, denn er stand unter erheblichem Druck, eine Inkarnation im Exil außerhalb des chinesischen Einflusses anzuerkennen. Dennoch bestätigte er Gedhun Choekyi Nyima, denn er war aufgrund der Untersuchungsergebnisse überzeugt, daß es sich um die echte Inkarnation handelt.

Die Führung in Peking reagierte nicht mit derselben Objektivität. Die Einbeziehung ihres größten Staatsfeindes empörte die Kommunisten so sehr, daß sie Chadrel Rinpotsche verhafteten und den jungen Pantschen Rinpotsche nach Peking brachten, um ihn unter Hausarrest zu setzen. Gleichzeitig präsentierten sie per Losverfahren im Dezember 1995 einen neuen Kandidaten, dessen Eltern »zufällig« beide Mitglieder der Kommunistischen Partei sind. Der fast zur selben Zeit geborene Junge wird von Peking als Pantschen Rinpotsche aufgebaut. Seine Ausbildung erhält er jedoch in Peking. Als einmal sein Besuch in seinem Stammkloster Taschi Lhünpo angekündigt war, fragten Touristen dort: »*Wann kommt denn der Pantschen Lama?*« Ein Mönch antwortete: »*Der Pantschen Lama, auf den wir warten, kommt gar nicht*« und verschwand sofort. In Tibet vergißt niemand, wer der echte Pantschen Rinpotsche ist.

Die fehlgeschlagene Vernichtung

Die Strukturen, die der Fünfte Dalai Lama aufgebaut hatte, bestimmten das religiöse Leben bis zur chinesischen Besetzung. Zu Beginn des 20. Jahrhunderts lebten in Tibet ca. 500000 Mönche und Nonnen bei einer Gesamtbevölkerung von 4 bis 6 Millionen. Die ihnen drohende Gefahr prophezeite der 13. Dalai Lama bereits kurz vor seinem Tod im Dezember 1933: »*Unter Umständen werden hier, im Zentrum von Tibet, Religion und Regierung gleichermaßen von außen wie von innen angegriffen. Wenn wir nicht unser*

Land beschützen, werden der Dalai und Pantschen Lama, der Vater und der Sohn und alle verehrten Hüter der Wahrheit verschwinden und vergessen werden. Mönche und ihre Klöster werden vernichtet. Die Herrschaft des Gesetzes wird geschwächt. Alle Menschen werden von großem Elend und überwältigender Furcht ergriffen; die Tage und Nächte voll Mühsal werden nur langsam vorübergehen.«

Die großen Zerstörungen begannen nach dem Volksaufstand und der Flucht des Dalai Lama im März 1959. Obwohl sich der Terror gegen alles Tibetische richtete, war der Klerus davon besonders betroffen. Zwanzig Jahre später waren von 6000 Tempeln und Klöstern ganze 13 stehengeblieben. Selbst diese Schonung geschah nicht aus Rücksicht vor dem buddhistischen Erbe, sondern weil sie für China eine gewisse Bedeutung hatten, wie der Jokhang-Tempel, in dem eine Buddha-Statue von Prinzessin Wencheng steht. Die Zahl der überlebenden Mönche wurde mit 970 angegeben.

Heute herrscht offiziell Religionsfreiheit, doch davon ist in der Praxis nicht viel zu spüren. In den achtziger Jahren hat die chinesische Führung die Zügel etwas gelockert, doch dabei mußte sie erkennen, daß sie mit ihrer Politik vollkommen gescheitert war. Wohl selten ist der Versuch, eine Gesellschaft von Grund auf zu ändern, so kläglich mißlungen wie in Tibet, wo weder härteste Unterdrückung noch liberale Reformen der buddhistischen Kultur ihre Basis entziehen konnten. Speziell die persönliche Diffamierungskampagne gegen die Dalai Lama zeitigte keinerlei Früchte im Sinne Pekings.

Einen Eindruck von der ungebrochenen Popularität des tibetischen Oberhauptes und der Religion, die er verkörpert, erhielt die chinesische Führung, als sie 1979 im Zuge einer gewissen Annäherung vier exiltibetischen Delegationen die Einreise erlaubte. Sie sollten sich ein Bild von der Lage machen und Perspektiven zur Rückkehr des Dalai Lama erkunden. Das Ergebnis muß Peking zutiefst erschüttert haben. Obwohl die Menschen

Ein Gesandter des Dalai Lama wird von Tibetern begeistert willkommen geheißen. »Der Dalai Lama soll zurückkommen«, riefen die unterdrückten Tibeter.

in Tibet monatelang mit massiven Einschüchterungen auf die Delegationen vorbereitet und genau instruiert wurden, wie sie sich zu verhalten hatten, war die Treue zum Dalai Lama viel größer als die Angst vor den Repressionen der Machthaber. Phuntsog Wangyal, ein Mitglied der zweiten Delegation, berichtet von der Begeisterung, die den Abgesandten des Dalai Lama überall begegnete:

»Sobald die Tibeter die Delegierten sahen, rannten sie auf sie zu und streckten ihre Hände aus, um sie zu berühren. Sie versuchten, Teile ihrer Kleidung oder Haare als Reliquien mitzunehmen. Sie legten sich auf die Straße, um den Jeep der Delegierten zu stoppen und lagen darum unter dem Wagen, wenn sie haltmachten. Wenn sie die Delegation verpaßt hatten, nahmen sie etwas Erde von der Stelle mit, wo ihr Jeep langgefahren war…Die Mitglieder der Delegation wurden nicht

nur von alten Leuten umringt, sondern vielfach auch von Jugendlichen. Sogar Kinder von zehn bis zwölf Jahren kamen und überreichten ihnen Blumen. Sie sagten: ›Möge die Sonne der Lehre Buddhas wieder aufgehen‹ … An vielen Orten existierten geheime Mönchsgemeinschaften, die weiterhin religiöse Dienste durchführten. Junge Leute erhielten die Weihen. Sie wurden heimlich in ihr Amt eingeführt. Die Existenz eines trotz Überwachung und ständiger Unterdrückung so starken Glaubens war für die Delegierten eine große Überraschung.«

Zum Schrecken der chinesischen Führung ließen sich sogar einheimische Kader der Kommunistischen Partei von der Begeisterung für den Dalai Lama anstecken. Sie informierten die Delegierten zum Beispiel durch vertrauliche Briefe im Vorfeld des Besuchs über die chinesischen Maßnahmen zur Unterdrückung der Sympathiebekundungen. Damit gingen sie für sich ein großes Risiko ein. So klagten chinesische Funktionäre immer wieder darüber, daß ihre tibetischen Genossen »religiösem Aberglauben« nachgingen.

Die Treue zum Dalai Lama und die Religiosität der einheimischen Kader sind jedoch nur ein Aspekt der religiösen Praxis. Damit der Buddhismus in Tibet langfristig eine Chance hat, müssen die Klöster wieder uneingeschränkt dem Studium und der Lehre nachgehen können. 250 Klöster sind seit den großen Zerstörungen wieder aufgebaut worden; die meisten ohne nennenswerte Unterstützung durch den chinesischen Staat. Damit, beschied Peking, sei der Bedarf gedeckt. Offiziell beläuft sich die Zahl der Mönche auf 3000. Darunter bilden Drepung mit 600 und Sera mit 400 Mönchen die größten Einheiten. Seit 1985 dürfen die Klöster wieder Novizen aufnehmen, und tatsächlich hielt sich der Staat bis 1987 in religiösen Angelegenheiten eher zurück. Doch schon damals litt die religiöse Praxis unter zwei großen Problemen: dem Mangel an Lehrern und dem Mangel an einer wirtschaftlichen Basis. Die individuellen Lehrer spielen im tibetischen Buddhismus eine besonders wichtige Rolle, und sie fehlen heute.

Trotz kommunistischer Umerziehung: Die alte Religion lebt in Tibet. Mönche bauen ihr zerstörtes Kloster wieder auf.

Die meisten wurden nach 1959 gefangengenommen und starben unter der chinesischen Fron. Verschont blieb nur, wer ins Ausland flüchten konnte. Sie haben im Exil neue Gemeinden aufgebaut, und China verweigert ihre Rückkehr unter akzeptablen Bedingungen.

Neben den Lehrern fehlt den Klöstern die wirtschaftliche Grundlage. Ihre Ländereien wurden enteignet und die Gläubigen, die früher durch Spenden zur Finanzierung beigetragen haben, sind ebenfalls verarmt. Wenn die Klöster ihre Mönche nicht ernähren können, muß ihre Zahl gering bleiben.

Neue Repressionen

Seit 1987 wurden selbst die geringen Freiheiten wieder eingeschränkt. Damals protestierten erstmals seit 1959 wieder Tibeter gegen die chinesische Besetzung und für die Rückkehr des Dalai Lama. Peking blieb nicht verborgen, daß sich an ihrer Spitze zahlreiche Mönche und Nonnen befanden. Der Klerus, der keine familiären Rücksichten nehmen muß, bildet in der Tat das Rückgrat des Widerstands gegen China. Vor allem jugendliche Nonnen und Mönche nehmen ein hohes Risiko auf sich, um ihre Abneigung gegen die Besetzung kundzutun. Die Rache der Staatsmacht ist fürchterlich.

Unter den Opfern der chinesischen Gewalt befinden sich auffällig viele jugendliche Nonnen. Im Juni 1993 wurden 14 Nonnen im Alter zwischen 14 und 24 Jahren aus dem Gari-Kloster verhaftet, die an einer Demonstration für die Freiheit Tibets teilgenommen hatten. Nach chinesischem Recht waren die jüngsten nicht einmal strafmündig. Zunächst wurden sie zu Haftstrafen von zwei bis sechs Jahren verurteilt. Als sie im Gefängnis jedoch noch patriotische Lieder sangen, wurden die Strafen verdoppelt. Bei den Gari-Nonnen handelte es sich nicht einmal um jüngsten politischen Gefangenen. Dieser traurige Titel stand der Nonne Sherab Ngawang aus dem Kloster Michungri östlich von Lhasa zu. Sie war 12 Jahre alt, als sie am 3. Februar 1992 bei einer friedlichen Demonstration im Zentrum der Hauptstadt verhaftet wurde. Im Februar 1995 wurde sie schwerkrank entlassen und starb drei Monate später im Dorf ihrer Eltern, nachdem sie zuvor in verschiedenen Krankenhäusern erfolglos behandelt worden war. Die traditionelle Himmelsbestattung, bei der ihr Körper zerstückelt und den Geiern zum Fraß gegeben wurde, brachte an den Tag, daß die junge Frau an den Folgen der Mißhandlungen im Gefängnis gestorben war. Der mit der menschlichen Anatomie gut vertraute Leichenzerstückler erklärte, er habe noch nie einen so

Überwachungskamera auf dem Jokhang-Palast im Zentrum von Lhasa.

jungen Körper in einem so erbärmlichen Zustand gesehen. Sherab Ngawangs Lunge und Nieren waren erheblich zerstört, was auf brutale Schläge oder eine chronische Infektion zurückzuführen ist, die nicht behandelt wurde. Zudem war die junge Frau mit Elektrostöcken gefoltert worden, weil sie aufsässig gewesen sei und den Wärtern Grimassen geschnitten hätte. Sherab Ngawang ist kein Einzelfall. Unter den über 1000 Gewissensgefangenen befinden sich mehrere dutzend Jugendliche.

Neben der offenen Repression sind die Klöster inzwischen lückenlos mit einem Spitzel-System überzogen. Das fördert Mißtrauen und Zwietracht. Keiner weiß genau, wem zu trauen ist, und wer Informationen an die chinesischen Behörden weitergibt. Lehre und Studium leiden erheblich darunter. Doch nicht einmal das reicht den chinesischen Behörden. Im Oktober 1994 begannen sie mit einer gezielten Kampagne gegen den Dalai Lama. Zunächst wurden alle seine Portraits aus der Öffentlichkeit verbannt. Solche Verfügungen hatte es seit 1959 immer wieder gegeben, doch nie wurden sie mit solcher Konsequenz durchgesetzt. Jedes Familienoberhaupt mußte eine Erklärung unterschreiben, daß sich in seinem Haus kein Bildnis vom Dalai Lama mehr befindet. Wer dennoch eines besitzt und erwischt wird, hat mit einer langen Gefängnisstrafe zu rechnen. So sind die Dalai Lama-Bilder, die bis Mitte der neunziger Jahre weit verbreitet waren, inzwischen aus der Öffentlichkeit verschwunden.

Für die Menschen in Tibet sind derartiger Bilder oder Anstecker alles andere als ein Sammelobjekt wie etwa wertvolle Briefmarken. Sie sind eine bescheidene Möglichkeit, die Verbundenheit mit ihrem exilierten Oberhaupt zu bekunden.

Für die Klöster bleibt es nicht bei einem Verbot der Bilder des Dalai Lama. Die Mönche und Nonnen sind einer sog. Umerziehungskampagne ausgesetzt, die nichts anderes ist als eine Diffamierung ihres Oberhauptes. Abgesandte der Kommunistischen Partei gehen in die Klöster und zwingen die Mönche, Erklärungen zu unterzeichnen, in denen der Dalai Lama persönlich diffamiert wird. Wer sich weigert, muß das Kloster verlassen. Darüber hinaus müssen die Mönche Phrasen lernen, die ähnlichen Inhalts sind und später von den kommunistischen Kadern abgefragt werden. Dabei heißt es zum Beispiel: »Nennen Sie die vier Aspekte des Dalai Lama«. Die gewünschte Antwort lautet in gekürzter Fassung: »Er ist der Kopf der Schlange, die für die Unabhängigkeit Tibets eintritt. Er ist ein Werkzeug der chinafeindlichen Kräfte. Er ist die Hauptursache der sozialen Instabilität in Tibet, und er ist das größte Hindernis für eine normale Ordnung im tibetischen Buddhismus.«

Im Sakya-Kloster Choede, 60 Kilometer südlich von Lhasa, wehrten sich die Mönche gegen diese Phrasen, indem sie Gesänge für das Wohlergehen des Dalai Lama anstimmten. In zwei

Fällen sind Klöster wegen des anhaltenden Widerstands der Mönche und Nonnen gegen die Umerziehung geschlossen worden. Es war die erste Maßnahme dieser Art seit den sechziger Jahren. An anderen Orten entziehen sich die Mönche der Repression durch die Flucht nach Nepal oder Indien. Allein in der ersten Hälfte des Jahres 1997 sind über 300 Mönche und Nonnen aus Tibet geflohen. Das sind beinah dreimal so viel wie im gleichen Zeitraum des Vorjahrs. Den chinesischen Behörden kommt die wachsende Fluchtbewegung des Klerus offenbar gelegen, denn sie haben inzwischen eingesehen, daß es nur eine Art gibt, die allgegenwärtige Religiosität in Tibet zu bekämpfen – indem die Menschen gezwungen werden, das Land zu verlassen; vor allem die Träger der buddhistischen Lehre. Andernfalls könnte es sein, daß sich die Kraft der Religion als standhafter erweist als die Kraft der kommunistischen Ideologie.

Im Namen des Fortschritts

Wie Tibet zur chinesischen Provinz wird

Die Szene mutet unwirklich an. Männer und Frauen mit Gebetsmühlen und traditionellen Schaffellmänteln, die ziemlich heruntergekommen wirken, pilgern entlang einer Asphaltstraße. Immer wieder werfen sie sich nieder, erheben sich und treten dann mit den Füßen dorthin, wo ihr Kopf den Boden berührt hat. Trotz der Breite läßt die Straße kaum Raum für die Pilger. Der Autoverkehr beherrscht das Bild, die mit Zäunen abgetrennten Fahrradwege schaffen Ordnung, und die Häuserzeilen im Hintergrund künden von einem regen Geschäftsleben. VW und Audi, Toyota und Mitsubishi haben hier ihre Niederlassungen, wie die vertrauten Embleme verraten. Ein Bild wie in jeder beliebigen chinesischen Stadt, in der die Menschen die wirtschaftlichen Freiheiten nutzen und ihren Beitrag zu den Wachstumsrekorden der Volksrepublik leisten.

Nur die Pilger passen nicht recht ins Bild. Ebensowenig wie ein monumentales Gebäude auf einer Anhöhe gegenüber der modernen Häuserzeile. Spätestens hier begreift der Besucher, daß der Ort nicht irgendeine chinesische Stadt ist, sondern Tibets Hauptstadt Lhasa. Die Potala-Palast, die Winterresidenz des exilierten Dalai Lama, überragt zumindest räumlich die chinesische Geschäftswelt. Zu seinen Füßen an der Nordseite befindet sich der Pilgerweg Lingkor, der um die Stadt führt, die den Tibetern als heilig gilt; oder muß es richtiger heißen: ›befand‹?

Das heutige Bild des Lingkor hat kaum noch etwas mit seiner ursprünglichen Funktion zu tun. Aus ideologischen, aber auch aus wirtschaftlich-pragmatischen Gründen ist für die religiöse Tradition, die von Peking gern als Aberglaube diffamiert wird, im neuen Tibet nicht mehr viel Platz. Dabei ist die Umgestaltung des Lingkor nur ein kleiner Baustein der grundlegenden Umgestaltung Lhasas und anderer tibetischer Städte.

Lange Zeit blieb zumindest das Zentrum der Hauptstadt um den Jokhang-Tempel, das größte Heiligtum des tibetischen Buddhismus, davon verschont. Doch selbst dieses letzte tibetische Refugium in der Hauptstadt wird einer grundlegenden Wandlung unterzogen. Auffällig sind vor allem die vielen Soldaten, die dort Stellung bezogen haben, um jede Demonstration im Keim zu ersticken und die Bettler fernzuhalten. Alle hundert Meter sitzen sie in Dreier- und Vierer-Gruppen zusammen und versuchen, einen gelassenen Eindruck zu erwecken. Viele verstecken sich indes hinter einer dunklen Brille, die sie für die Einheimischen unnahbar macht. Mindestens 50 von ihnen sind es um den Jokhang herum. Nachdruck erhält ihre Präsenz durch Kameras, die auf dem Tempel sowie den umliegenden Gebäuden angebracht wurden, um das Treiben auf dem großen Platz vor dem Tempel zu überwachen.

»Lhasa 2000«

Dies sind jedoch nur die kleineren Wandlungen im Stadtbild von Lhasa, die zudem bei einer Änderung der Machtverhältnisse jederzeit wieder revidiert werden könnten. Die großen und irreparablen Veränderungen sind bereits wenige Meter vom Jokhang entfernt zu beobachten.

Im Süden und Osten des Stadtkerns herrscht hektische Betriebsamkeit. Ganze Häuserzeilen werden abgerissen, um neue

Abrißgebiet im südlichen Teil des Zentrums von Lhasa.

Wohnblocks zu errichten. Peking spricht stolz vom Entwicklungsplan »Lhasa 2000«, für den jedes Jahr einige 100 Mio. Dollar bereitgestellt werden. Damit soll aus Lhasa eine »moderne sozialistische Stadt mit nationalen Charakteristika« werden. Das klingt zunächst unverdächtig, und auch die offiziellen Gründe für das Sanierungsprogramm überzeugen vordergründig. Viele Häuser sind ohne sanitäre Einrichtungen und fließendes Wasser. Dies wird nun behoben, indem die Häuser abgerissen werden. Die Planer kamen indes nicht auf die Idee, sie nachträglich damit auszustatten; selbst dann nicht, wenn die Bausubstanz noch gut war.

Die Tibeter erheben denn auch schwere Vorwürfe gegen das Programm: »*Außer für die chinesischen Zuwanderer baut die Regierung keine Häuser. Sie haben stattdessen die historischen Grund*

Die noch unbestiegene 7728 Meter hohe Gurla Mandata hinter dem heiligen Manasarovarsee überragt eine der schönsten Landschaften Tibets.

Tafel 31

Der Potala, einst Sitz und Residenz der Dalai Lamas, überragt Lhasa mit seinen goldenen Dächern um mehr als 300 Meter. Seine heutige Größe erhielt der Potala im 17. Jahrhundert unter dem 5. Dalai Lama.

Tafel 32

Auf 5000 Metern Höhe schießt heißes Wasser bis zu 30 Metern hoch in den tiefblauen tibetischen Himmel. Der Geysir Memotschutsän beweist, daß die Auffaltung des Hochlandes von Tibet noch nicht abgeschlossen ist. Die heiße Erde unter dem Schneeland sorgt immer wieder für Erdbeben und Veränderungen.

TAFEL 33

mauern und Vorgärten zerstört, um neue Geschäfte und mehrstöckige Einkaufszentren zu bauen«, meint jemand, der aus gutem Grund nicht genannt werden möchte.

Ein Blick hinter die Fassaden läßt in der Tat Zweifel an der uneigennützigen Motivation der chinesischen Führung aufkommen. Wohl nicht zu Unrecht klagen die Tibeter, daß sicherheitspolitische Erwägungen die wichtigste Antriebsfeder für das Programm »Lhasa 2000« sind. Das Zentrum von Lhasa war seit Ende der 80er Jahre immer wieder Ausgangspunkt für Proteste gegen die chinesische Besetzung. Die engen Gassen, mit denen die chinesischen Soldaten nicht vertraut sind, bieten den Demonstranten Schutz vor dem Zugriff der Truppen. Zudem öffnen die Einheimischen den Verfolgten Türe und Hinterhöfe, in denen sie dann verschwinden können.

Soldaten und Kameraüberwachung allein reichen offenbar nicht, um jeden Protest im Keim zu ersticken. Mit der Altstadtsanierung meint Peking ein Mittel dafür gefunden zu haben, denn dadurch ändert sich auch die Bevölkerungsstruktur. Als letzter Teil von Lhasa wird nun auch das Zentrum mehrheitlich chinesisch besiedelt. Die Einheimischen haben kaum eine Chance, in die neuen Wohnungen einzuziehen. Auf einer Versammlung erfahren sie, bis wann sie ihre Häuser zu räumen haben; Widerspruch dagegen ist nicht möglich. Für den alten Wohnraum erhalten sie eine Entschädigung von 20 bis 25 Yuan pro m², sowie die Möglichkeit, die neuen Wohnungen vom Staat zu kaufen. Das Angebot hat nur einen Schönheitsfehler. Die neuen Häuser kosten zwischen 1200 und 1500 Yuan pro m². Das kann sich kaum eine tibetische Familie leisten, und so kaufen sich finanzkräftige Chinesen ins Zentrum von Lhasa ein.

Doch nicht nur Wohnhäuser, auch alte historische Gebäude fallen dem Bagger zum Opfer. Das bislang letzte Beispiel dafür ist der Tromsikhang-Palast, der im Sommer 1997 abgerissen wurde. Der 6. Dalai Lama ließ das Bauwerk im frühen 18. Jahrhundert nördlich vom Jokhang errichten. Unter den verbliebenen traditionellen Gebäuden im Stadtkern von Lhasa war der Tromsikhang das bedeutendste, und seine Bausubstanz war noch sehr gut. Von der UNESCO wurde er deshalb als besonders schützenswert eingestuft. Die chinesischen Behörden ließen sich davon jedoch nicht beeindrucken.

Nach einer Studie des von den Vereinten Nationen unterhaltenen »Centre on Housing Rights and Evictions« in Amsterdam machen die tibetischen Siedlungen nur noch 2 Prozent der Fläche Lhasas aus, und sie nehmen weiter ab. Von den 600 historischen Gebäuden in der Altstadt von Lhasa sind bereits 350 abgerissen worden. Dagegen wächst die Stadt in den Außenbezirken jährlich um 1,5 bis 2 km^2. Dabei handelt es sich ausschließlich um chinesische Siedlungen. Von den etwa 300 000 Einwohnern stellen die Einheimischen allenfalls noch ein Drittel, und sie müssen sich immer öfter ihre Unterkünfte am Stadtrand suchen.

Das Ende von Shöl

Was sich im Zentrum vollzieht, ist in anderen Teilen der Hauptstadt längst Wirklichkeit geworden. Lhasa ist in den letzten zehn Jahren eine weitgehend chinesische Stadt geworden. Bezeichnend dafür ist die Umgebung unterhalb der Potala-Palastes. Zwar hat Peking das monumentale Gebäude mit viel Aufwand renoviert und zugestimmt, es auf die Liste des UNESCO-Weltkulturerbes aufzunehmen und damit international zu schützen, doch zu Füßen des Palastes offenbaren sich die wahren Machtverhältnisse. Die Vergnügungsindustrie hat dort ihre Zelte aufgeschlagen und wirbt mit Bars, Karaoke-Discos, Spielhallen und Bordellen um Kundschaft. Gerade die Prostitution expandiert bei schätzungsweise 100 000 Soldaten in Lhasa.

Neubau des Funkhauses unterhalb des Potala-Palastes.

Bis Ende der 80er Jahre befand sich an der Südseite des Potala das tibetische Dorf Shöl, das vor 300 Jahren angelegt worden war, um den Palast vor Eindringlingen zu schützen. Als Wohnort erfreute es sich aufgrund seiner günstigen Lage für den Handel großer Beliebtheit. Die Häuser der über 1000 Bewohner waren von einer Mauer umgeben und vom eigentlichen Stadtkern getrennt. Das Dorf bildete somit eine selbständige Einheit.

Heute existiert nur noch die Erinnerung an das alte Shöl. 1990 wurden die Menschen vertrieben und die Häuser abgerissen. Stattdessen ist dort ein Touristenpark mit Markt errichtet worden, in dem das chinesische Reisebüro weit überteuerte Souvenirs an die Touristen verkauft, die vom Potala herunterkommen. Ein ehemaliger Bewohner klagt denn auch: »*Uns Vertriebenen wurden Wohnungen in Betonbauten zugewiesen, die halb so groß, aber zehnmal so teuer sind wie unsere alten. Die neuen astronomischen Mieten können wir nicht bezahlen, und so werden wir aus der Stadt herausgedrängt in Gebiete, in denen wir keinen Handel betreiben können. Die alten historischen Plätze werden von den Chinesen besetzt, die den Tourismus monopolisieren. Wir verlieren nicht nur unsere Häuser, sondern auch unsere Lebensgrundlage.«*

Im Westen rundet ein modernes Funkhaus die chinesische Umrahmung des Potala ab. Die Neusiedler sollen schließlich nicht auf ihre gewohnten Staatsmedien verzichten müssen. Tibetisch sind nur noch einige Monumente, die jedoch eher kitschig als authentisch wirken. Zwischen dem Funkhaus und einem VW-Emblem steht auf einer Verkehrsinsel ein gigantischer Yak, ein tibetisches Hochlandrind. Es wirkt wie ein Überbleibsel vom Geist der stalinistischen Monumentalkunst mit Konzessionen an den mutmaßlichen Geschmack der Touristen, denn auf das typische Grau der damaligen Epoche wurde verzichtet. Der Yak erstrahlt in leuchtendem Gold. Mit unerschütterlicher Selbstverständlichkeit erklärt die Reiseleiterin, damit solle der Yak geehrt werden. Zwar liefern die Yaks und Dris – so die weibliche Form – den Menschen alles, was sie zum Überleben auf dem unwirtlichen Dach der Welt benötigen, doch wäre wohl nie ein Einheimischer auf die Idee gekommen, dem Tier ein derartiges Denkmal zu setzen.

Ein ähnliches Monument schmückt die Abzweigung zum Kloster Sera im Norden von Lhasa, doch werden dort nicht Yaks geehrt, sondern Roß und Reiter. Die goldene Reiterstatue in antiker Uniform und Bewaffnung gibt eine Szene aus dem Gesar-Heldeneops wieder, dem tibetischen Nationalmythos. Der vermeintlichen Sensibilität gegenüber der tibetischen Tradition folgt sogleich die bittere Wirklichkeit. Sera, das früher fünf Kilometer außerhalb von Lhasa lag, ist heute weitgehend in die Stadt integriert. Dafür sorgt ein neues chinesisches Wohngebiet entlang der Straße. Besonders auffällig ist der Sportpalast kurz vor dem

Kloster, bei dem sich die Architekten nicht viel Mühe gegeben haben, »nationale Charakteristika« zu betonen. So sieht der Fortschritt auch in China aus, funktional mit moderner Fassade.

Eine Stadt mit zwei Gesichtern

Ähnlich ist das Szenario in Schigatse, der zweitgrößten Stadt des Landes, etwa 200 Kilometer westlich von Lhasa im Tal des Tsangpo. Die Stadt ist streng zweigeteilt. Unterhalb des Klosters Taschi Lhünpo liegen die tibetischen Siedlungen, zumeist ärmliche Häuser entlang enger, staubiger Gassen. Offenkundig sind die Menschen wirtschaftlich an den Rand gedrängt, und vom chinesischen Wirtschaftswunder bleiben ihnen nicht einmal Reste. Getrennt durch eine breite Straße erstreckt sich der chinesische Teil der Stadt. Auf den ersten Blick ist sichtbar, daß die Menschen wohlhabender sind. Auch die meisten Geschäfte sind hier angesiedelt. Dabei gehört der traditionelle Markt noch zum tibetischen Teil. Nichts erinnert allerdings an seine frühere Herrlichkeit. Sven Hedin, der schwedische Naturforscher, der zu Beginn dieses Jahrhunderts einige Zeit in Schigatse verbracht hat, war von dem Warenangebot noch sehr beeindruckt. Durch den Handel mit Britisch-Indien war Schigatse ein ausgesprochen reicher Ort. Die große Vergangenheit lebt nur noch in der Erinnerung.

Unter den Tibeterinnen und Tibetern im Land herrscht das Gefühl vor, der Entwicklung machtlos ausgeliefert zu sein. Die vage Hoffnung auf eine bessere Zukunft hat indes niemand aufgegeben. *»Some day…«, »eines Tages…«* ist eine der häufigsten Redewendungen.

Ob es den erhofften Tag der Selbstbestimmung geben wird, bleibt fraglich. Geht die Entwicklung so weiter, wird den tibetischen Städten das Schicksal von Batang nicht erspart bleiben.

Der ehemals rein tibetische Ort liegt im Tal des Yangtse in Osttibet. Luft und Klima sind dort angenehm, denn die Höhe beträgt nur 2800 Meter, was für Tibet ausgesprochen flach ist. Batang ist deshalb zu einer Hochburg der chinesischen Besiedlung geworden. Am Anfang empfängt eine große Kaserne der Volksbefreiungsarmee die Besucher. Sie gibt den neuen Bewohnern das Gefühl der Sicherheit. Bis 1990 war Batang eine Stadt wie viele andere in Tibet mit engen Gassen, weißgekachelten Häusern und einem großen Tempelbezirk. Dann begannen die Besatzer, den gesamten alten Stadtkern abzureißen. Kein Straßenzug, kein Haus blieb davon verschont. Heute prägt ein großer Platz mit einem Heldendenkmal die Stadtmitte. Es zeigt einen überdimensionalen Adler, der in einem Sturzflug zur Landung ansetzt. Vielleicht war der Schöpfer dieser Peinlichkeit ein heimlicher Sympathisant der Tibeter, der auf diese Weise zeigen wollte, wie China Tibet an sich gerissen hat. Doch das ist natürlich reine Spekulation.

Um den Platz herum stehen neue chinesische Gebäude im pseudo-tibetischen Stil. Sie beherbergen Billardhallen, ein Jugendzentrum, das neue Rathaus sowie Wohn- und Geschäftsräume. Unter der chinesischen Bevölkerung befindet sich buchstäblich niemand, der aus Batang stammt. Alle sind in den letzten Jahren aus der west-chinesischen Provinz Sichuan oder aus umliegenden Regionen hergekommen. Ihnen gefällt das neue, moderne Batang. Gefragt, was die größte Attraktion der Umgebung sei, antworten viele, die Stadt selbst.

Die Tibeter können sich dem nicht anschließen. Ihre Siedlungen ziehen sich in die Berge hinein, die Batang umgeben. Der Platz am Rand hat durchaus eine tiefere Bedeutung. Mehr Raum bleibt ihnen nicht.

Zweifelhafte Entwicklungshilfe

Bisweilen unterstützen sogar ausländische Entwicklungsprojekte die Sinisierung Tibets. So wollte die Europäische Union über 15 Mio. DM in die Region Panam pumpen, ein Gebiet zwischen Schigatse und Gyantse, das relativ fruchtbar ist. Zehn gigantische Bewässerungssysteme sowie 1000 Tonnen Kunstdünger sollen den Weizenanbau in der Region ermöglichen. Mit der tibetischen Tradition haben derartige Pläne nichts zu tun, denn die basiert auf dem Anbau von Gerste, die in Zentraltibet die besten Erträge bringt. Mit Weizenanbau hat die chinesische Regierung schon in den 60er Jahren schlechte Erfahrungen gemacht. Die damals verordnete Umstellung laugte den Boden in wenigen Jahren aus, so daß er keine Erträge mehr hergab. Weitverbreitete Hungersnöte waren die Folge. Dennoch unternimmt Peking einen neuen Anlauf mit dem Weizenanbau, denn der wird von den chinesischen Siedlern bevorzugt. Das Entwicklungsprojekt Panam ist also in erster Linie für sie gedacht. Die tibetischen Bauern, die dort seit Jahrhunderten eine funktionierende Subsistenzwirtschaft betreiben, würden von teuren Düngern und Maschinen abhängig und damit auf lange Sicht in ihrer Existenz vernichtet. Dagegen ließen sich die Vorstellungen der Regierung in Peking verwirklichen, welche die Region Panam in den chinesischen Markt integrieren und eine Basis für weitere Ansiedlungen schaffen will.

Das Europäische Parlament hat die Pläne der Kommission zunächst einmal gestoppt, und es ist inzwischen fraglich geworden, ob die Gelder überhaupt noch freigegeben werden. Dies ist immerhin ein kleiner Erfolg für Tibet. Der Durchbruch im Kampf um den Erhalt der eigenen Kultur steht dagegen noch aus.

Hoffnungsschimmer in schweren Zeiten

Selbstverwaltete Projekte im besetzten Tibet

Der Weg von der tibetischen Hauptstadt Lhasa gen Westen Richtung Schigatse oder Nepal zeugt von dem neuen Geist im Land. Eine breite, gut asphaltierte Straße macht das Reisen auf dem Dach der Welt ebenso bequem, wie an der prosperierenden Ostküste der selbstbewußten Großmacht China. Nur das Szenario rechts und links der Straße unterscheidet sich von anderen Teilen im Reich der Mitte. Soldaten beherrschen die Szenerie, die zu Fuß, auf Fahrrädern, in Jeeps oder auf Lastwagen den Eindruck ständiger Mobilität erwecken. Ihre Präsenz ist so erdrückend, daß selbst politisch unbedarfte Reisende ins Nachdenken geraten. Kein Wunder, denn rechts und links der Straße erstreckt sich ein neues Militärgelände über mehrere Kilometer. Wachtürme und Radaranlagen lassen ahnen, daß es nicht so sehr darum geht, der Bevölkerung Schutz zu bieten, wie die offizielle Propaganda betont. Die Soldaten sind vielmehr als Besatzungsmacht im Land, das militärstrategisch ausgesprochen günstig im Herz von Asien liegt. Ohne die Präsenz der Volksbefreiungsarmee hätte Chinas Herrschaft über Tibet keine Basis.

Die Tibeterinnen und Tibeter versuchen die Soldaten soweit es geht zu ignorieren, und dabei entwickeln sie einen erstaunlichen Gleichmut. Viele folgen den alten Pilgerrouten wie eh und je scheinbar unbeirrt von den Veränderungen um sie herum. Es gibt jedoch auch Menschen, die sich nicht damit begnügen, im privaten Bereich an der Tradition festzuhalten, solange das noch geht.

Sie bemühen sich, in dem engen Rahmen, den die derzeitige Situation bietet, etwas für den Erhalt ihrer Kultur zu tun. So sind in den letzten Jahren mehrere selbstverwaltete Projekte entstanden. Die Initiatoren sind zumeist Exil-Tibeter, die nach Besuchen in ihrer Heimat nicht länger untätig bleiben konnten.

Einer von ihnen ist Palden Tawo, der zu den bekannten Persönlichkeiten unter den Exil-Tibetern in Deutschland zählt und sich vor allem politisch engagierte. Berichte aus seiner Heimatprovinz Tawo haben ihn am Sinn dieser Arbeit zweifeln lassen: »*Angesichts der Situation vor Ort reicht es nicht, vom Ausland aus für ein freies Tibet zu kämpfen, denn dazu fehlen im Land bald alle Voraussetzungen. Wenn wir überhaupt noch etwas retten wollen, müssen wir die Strukturen dafür dort aufbauen*«, so seine Überzeugung.

Der Weg nach Tawo in der alten tibetischen Provinz Kham ist weit. Die Straßen verdienen kaum noch den Namen, und irgendwann gibt es nicht einmal mehr Lastwagen, die sich ihren Weg über die Hochebene bahnen. Pferde und Yaks sind hier die wichtigsten Transportmittel. Früher erstreckten sich hier ausgedehnte Waldgebiete, die seit der Besetzung abgeholzt worden sind. Dabei ist die Landschaft noch immer faszinierend mit ihren grünen Wiesen und der üppigen Blumenpracht; zumindest solange kein Winter herrscht und die Temperaturen auf 40 Grad unter Null sinken.

80 000 Menschen leben in den benachbarten Provinzen Tawo und Drango. Die meisten waren früher Nomaden, doch mußten sie im Zuge der grundlegenden Umgestaltung des Landes in den 60er Jahren seßhaft werden. Ein Bildungs- und Gesundheitswesen ist allenfalls in Ansätzen vorhanden. Die Analphabetenrate liegt bei 80 Prozent. Die wenigen Schulen machen einen verfallenen Eindruck, obwohl sie für die Kinder der Umgebung auch als Eß- und Schlafraum dienen; sogar im Winter. Doch die Eltern legen keinen großen Wert darauf, ihre Kinder in die Schule zu schicken, weil dort eher die Sinisierung gefördert wird.

Die Zerstörung der traditionellen Strukturen hat auch viele Waisenkinder hinterlassen, die ohne Perspektive dahinvegetieren. Schon geringfügige Erkrankungen können mangels medizinischer Versorgung zum Tode führen. Die Plätze in den Distriktkrankenhäusern sind chinesischen Funktionären und Soldaten vorbehalten.

Hier setzt Palden Tawo mit dem Tadra-Projekt ein, das Ende 1995 ins Leben gerufen wurde. In Schimda, einem günstig gelegenen Ort zwischen Tawo und Drango, hat der Förderverein Tadra ein Grundstück erworben, auf dem ein Waisenhaus, eine Schule und ein Krankenhaus errichtet wurden. Die Bevölkerung hat die Idee begeistert aufgenommen, wie Palden Tawo berichtet: »*Sowohl die Menschen wie auch die örtlichen Behörden waren sofort bereit uns zu unterstützen, als sie von den Plänen hörten. Sie haben uns das Grundstück zur Verfügung gestellt, liefern unentgeltlich Strom, Wasser und Holz und helfen beim Aufbau. Auf eine solche Perspektive haben sie lange gewartet.*«

Eine solche Perspektive wissen auch die Menschen in der Region Dagyab zu schätzen, die nicht weit von Tawo zwischen den Städten Tschamdo und Batang liegt. Dagyab und Tawo gleichen sich in vielem. Da sie sehr abgelegen sind, leben die Einheimischen weitgehend unter sich. Die Infrastruktur ist gleich schlecht und die Analphabetenrate extrem hoch, denn die Zentralregierung investiert dort nicht viel Geld.

Dagyab hat jedoch im religiösen Leben schon immer eine besondere Rolle gespielt. Von hier stammt der Dagyab Kyabgön, einer der höchsten tibetischen Geistlichen, dessen Inkarnationslinie im 16. Jahrhundert begann. Der heutige 14. Dagyab Kyabgön floh 1959 aus Tibet und lebt in der Nähe von Bonn im Exil. Den Kontakt zu seiner Heimatregion hat er jedoch nie abreißen lassen. Auf ihn geht der Förderverein »Provinz Dagyab« zurück, der sich in erster Linie um die unzureichende medizinische Versorgung kümmert. Mittel des Vereins dienen dazu, tibetische Krankenpfleger auszubilden, Ambulanzen zu errichten und die traditionelle Heilkunst wieder ins Leben zu rufen.

Das Hilfsprojekt kümmert sich zudem um die Verbesserung der Ausbildungsmöglichkeiten. Viele Familien verweigern ihren Kindern den Besuch der staatlichen Schulen, weil sie befürchten, dort werde zu wenig Rücksicht auf das religiöse Erbe genommen. Schließlich liegt dem Dagyab Kyabgön auch daran, moderne Vorstellungen, etwa von der Gleichstellung der Frau in Ausbildung und Beruf, den Menschen seiner Provinz nahezubringen.

Wanderer zwischen den Welten

Während manche Projekte noch am Anfang stehen, bauen andere bereits auf Erfahrungen auf. Eines der ältesten selbstverwalteten Projekte existiert in Namling, einer Region nördlich von Schigatse. Ähnlich wie Tawo, Drango und Dagyab zählt Namling zu den abgelegenen Landesteilen. Die Anreise ist ebenso beschwerlich. Wer aus Richtung Lhasa kommt, muß kurz vor Schigatse den Tsangpo mit einer altertümlichen Fähre überqueren. Immerhin sind die Straßen noch mit LKWs oder Traktoren befahrbar, und so dauert es nur knappe drei Stunden bis zu der 75 Kilometer entfernten Namling-Region, dem Armenhaus im Bezirk Schigatse. Die meisten der etwa 50 000 Menschen leben von der kargen Landwirtschaft, doch gibt es auch noch zahlreiche Halbnomaden. Sie ziehen im Sommer umher und verdienen ihr Geld als Tagelöhner, indem sie Felle gerben.

Die Häuser mit den offenen Fenstern wirken bescheiden. Elektrizität gibt es nur an einigen günstig gelegenen Orten. Die Kinder dagegen strahlen bei aller Armut eine Fröhlichkeit und Herzlichkeit aus, die von innen kommt und echt ist. Hier sind die sozialen Strukturen noch intakt, denn China ist weit entfernt. Fast alle haben noch eine Familie und andere Erwachsene, die sich um sie kümmern. Allerdings fehlt das Geld für eine Schulausbildung. Damit haben die Kinder in der sich wandelnden tibetischen Gesellschaft kaum eine Perspektive.

Namling ist auch die Heimat von Tashi Tsering, einem der wenigen tibetischen Intellektuellen. Schon seit Jahrzehnten ist er ein Wanderer zwischen den Welten der Exilgemeinden und der Daheimgebliebenen. Er studierte an der University of Washington sowie am Institut für tibetische Nationalitäten in Xianyang, China. Während der Kulturrevolution fiel er in Ungnade, konnte jedoch nach seiner Rehabilitierung 1978 als Englischlehrer im tibetischen Lehrerkolleg in Lhasa arbeiten. Gleichzeitig ist er wissenschaftlicher Mitarbeiter des bekannten Anthropologen Melvyn Goldstein in Cleveland, Ohio.

Ende der achtziger Jahre begann Tashi Tsering sein ambitioniertes Projekt, die Ausbildungssituation in seiner Heimatregion zu verbessern. »*Wenn man nichts in der Hand hat, meint man nichts tun zu können. Ich habe inzwischen durch meine Lehrtätigkeit etwas Geld gemacht, mit dem ich mir gut ein Haus kaufen könnte, wie andere Leute auch. Ich habe jedoch selbst lange nach Bildung gesucht, und da ich jetzt zu den Priviligierten gehöre, sollen die Kinder meiner Heimatprovinz davon profitieren*«, beschreibt er seine Motivation.

Nach vierjährigen Verhandlungen erhielt er 1991 die Erlaubnis, unabhängige kommunale Schulen aufzubauen. Inzwischen gibt es in Namling neun solcher Schulen mit jeweils etwa 100 Schülern. Unterstützt wird die Initiative von einem Förderverein in Bonn, der über das Projekt informiert und Spenden sammelt. Das ist sehr wichtig, denn die Unkosten für die Schule werden zur Hälfte durch Zuwendungen aus dem Ausland gedeckt. Ein Viertel trägt die Dorfgemeinschaft durch Arbeits- und Sachleistungen bei; für den Rest kommt der Staat auf. Der Stundenplan der Schüler enthält nicht nur Sach- und Sprachunterricht, sondern auch Fächer wie Hygiene und Abfallbeseitigung.

Chance oder Feigenblatt?

Tashi Tsering ist wie Palden Tawo und die anderen Projektinitiatoren auf das Wohlwollen der Behörden angewiesen. Kritische Lehrinhalte zur tibetischen Geschichte und Gegenwart sind auch in einer so abgelegenen Region undenkbar. Dennoch bleibt die Frage, warum die chinesische Verwaltung derartige Projekte duldet, die zumindest der persönlichen Emanzipation der Menschen dienen. Stiehlt sich Peking gar aus der Verantwortung, selbst zur Ausbildung der Kinder beizutragen, wie manche Kritiker argwöhnen? Das hätte die Volksrepublik jedoch kaum nötig, denn wen interessiert es schon, ob in den ländlichen Teilen Tibets die Kinder zur Schule gehen?

Die Gründe liegen also woanders. Die wichtigste Basis ist zweifellos das persönliche Vertrauen, das die Initiatoren geschaffen haben. Man kennt sich inzwischen gut und die Vertreter Pekings wissen, daß in den Projekten nicht zur Sezession aufgerufen wird. Zudem legt zumindest mancher tibetische Parteifunktionär selbst durchaus Wert auf die Verbesserung der Bildungs- und Gesundheitsversorgung in seinem Verantwortungsbereich. Und ihre chinesischen Kollegen denken möglicherweise pragmatisch: Was richten schon einige hundert tibetische Kinder mit guter Ausbildung gegen die tausende von Chinesen aus, die kontinuierlich in Tibet angesiedelt werden?

Im Zentrum der Macht

Inzwischen gibt es die selbstverwalteten Projekte nicht nur in abgelegenen Landesteilen. Eines der bemerkenswertesten liegt im Westen von Lhasa im Schatten der großen Militäranlage. Töling heißt das kleine Dorf, und es unterscheidet sich auf den ersten Blick nicht von anderen in Zentraltibet. Einstöckige Häuser mit flachen Dächern reihen sich rechts und links der Straße aneinander. Strommasten, die immer wie Provisorien wirken, bahnen sich den Weg durchs Dorf. Auf einem etwas größeren Gebäude weht die rote chinesische Fahne; das ist unverkennbar die örtliche Schule. Mit Stromanschluß und Schule zählt Töling bereits zu den priviligierten Dörfern, für die sich die Nähe zur Hauptstadt auszahlt.

Etwas aus dem Rahmen fällt ein kleiner Komplex mit zwei sauberen, funktionalen Neubauten. Erreicht man den Innenhof, wird man von den Kindern neugierig gemustert. Obwohl tibetische Kinder im allgemeinen nicht scheu sind, überwiegt die Skepsis – oder der Respekt vor den Erwachsenen, die zum Empfang der Fremden bereitstehen. Wir sind in einem Waisenhaus, das zu den besonderen seiner Art in Tibet gehört. Es ist keine staatliche Einrichtung, sondern wurde von der im Schweizer Exil lebenden Tendol Gyalzur initiiert. Ähnlich wie Tashi Tsering haben sie persönliche Erfahrungen dazu gebracht, sich auf diese Art für die Menschen in ihrer Heimat einzusetzen.

Frau Gyalzur stammt aus Schigatse. Nach dem fehlgeschlagenen Volksaufstand im Jahre 1959 verlor sie ihre Eltern auf der Flucht nach Indien. Die Exilregierung schickte das Waisenmädchen zur Ausbildung nach Europa in ein Schweizer Pestalozzi-Kinderdorf.

1991 besuchte Tendol Gyalzur zum ersten Mal wieder das Land ihrer Herkunft. Dort berührte sie vor allem die Situation der Straßenkinder, die ohne ein Zuhause und eine Perspektive aufwachsen. Gerade sie stehen jedoch für die Zukunft des Landes, und so entwickelte Tendol Gyalzur die Vision von einem Projekt, das von den Behörden akzeptiert und vom Ausland finanziert wird. Es sollte im Raum Lhasa angesiedelt sein, dort, wo die chinesische Macht sitzt. Das machte seine Durchführung erheblich schwieriger, denn die Kontrolle war viel größer als in den abgelegenen Regionen.

Bettelnde Kinder in Shigatse.

Mit unerschütterlichem Optimismus und der nötigen Hartnäckigkeit stellte sich der Erfolg eher als erwartet ein. Tendol Gyalzur erhielt in Töling ein Hektar Land, auf dem 1993 die Bauarbeiten begannen, und schon im Herbst des selben Jahres wurde das Waisenhaus mit zunächst sieben Kindern eingeweiht. Seitdem ist es kräftig expandiert. Inzwischen sind zwei Gebäude fertiggestellt, und die Zahl der Kinder ist auf 24 angewachsen.

Die Auswahl der Kinder liegt Tendol Gyalzur besonders am Herzen. Während sie die Leitung des Hauses einem tibetischen Ehepaar übertragen hat, läßt sie es sich nicht nehmen, auf der Suche nach bedürftigen Kindern selbst durch Zentraltibet zu reisen und die schwierige behördliche Prozedur der Übertragung der Kinder zu bewerkstelligen. Diejenigen, die dann einen Platz im Waisenhaus bekommen, gehören zweifelos zu den Priviligierten.

Das kann jeder ermessen, der gesehen hat, wie Kinder in verwahrlostem und mitleiderheischendem Zustand von ihren Eltern zum Betteln angehalten werden oder wie sie sich ohne Eltern und andere Bezugspersonen allein durchschlagen müssen. Die Kinder im Waisenhaus Tendol Gyalzurs haben nicht nur genug zu essen und ein sauberes Bett; sie haben auch eine Zukunft. Der Besuch der Schule unter der roten Fahne zählt zu den festen Einrichtungen im Waisenhaus, und am Nachmittag helfen die Pflegeeltern den Kleinen bei den Hausaufgaben.

Manche Konzession mußte die Gründerin indes eingehen. So befindet sich auf dem Hausaltar kein Bild vom Dalai Lama, sondern vom Abt des Klosters Drepung. Dennoch bekennt sie voller Überzeugung: *»Mein Verstand sagt mir, daß die Zukunft meiner Heimat, meiner Familie und unseres Projektes nicht hoffnungslos aussieht. Hoffnungslosigkeit ist, so glaube ich, wahrhaftig eine tödliche Eigenschaft, die den Menschen anfallen kann.«*

So viel unbedarfter Idealismus stieß unter den Exil-Tibetern nicht auf ungeteilte Zustimmung. Sie sei unpolitisch und gehe unakzeptable Kompromisse mit den chinesischen Besatzern ein, mußte sie sich zunächst anhören. Ziel des Kampfes sei nicht, etwas Sozialarbeit von Chinas Gnaden zu leisten, sondern die Unabhängigkeit des Landes. Eine solche Haltung mag zwar moralisch und auch völkerrechtlich vertretbar sein; an der Wirklichkeit des Landes geht sie weit vorbei. Zur Zeit stellt sich nicht die Frage, wann das Land unabhängig wird, sondern was von der tibetischen Kultur noch gerettet werden kann, bis vielleicht einmal grundlegende politische Veränderungen neue Perspektiven eröffnen. Dazu leisten die selbstverwalteten Projekte einen wichtigen Beitrag. Sie werden deshalb auch vom Dalai Lama und der tibetischen Regierung im Exil unterstützt.

Unbewohnte Berglandschaft
im Westen Tibets auf dem Weg
in das Königreich Guge.

Der versteckte tiefblaue Bergsee Terinam-Tso mitten im Transhimalaya liegt 5000 Meter hoch und wurde von Sven Hedin für den Westen entdeckt und gezeichnet. Seine unberührte Schönheit ist bis heute geblieben.

Tafel 35

Chomolungma – mit 8848 Metern der Gipfel der Welt – von der tibetischen Nordseite nach der Monsunzeit fotografiert.

Tafel 36

Raubbau im Schatzhaus

Eine Reise durch Osttibet

Vor uns liegen 2500 Kilometer, als wir von Chengdu, der Hauptstadt der chinesischen Provinz Sichuan, Richtung Lhasa aufbrechen. Ob wir die tibetische Hauptstadt erreichen, ist höchst ungewiß. Erlaubt ist es ohnehin nicht, und neben den chinesischen Sicherheitskräften kann uns auch das Wetter einen Strich durch die Rechnung machen. Die Straßen sind schlecht, und wenn es regnet, verwandeln sie sich schnell in Schlammfelder.

Uns geht es jedoch gar nicht in erster Linie darum, um jeden Preis auf dem Landweg nach Lhasa zu kommen. Wir wollen vielmehr abseits der Touristenrouten sehen, wie sich die über 40jährige Besetzung Tibets durch China auswirkt.

Der Bus in Chengdu startet früh am Morgen Richtung Kanding, dem letzten Ort in Sichuan, der für Ausländer ohne Sondergenehmigung offen ist. Schier endlos zieht sich die erwachende Drei-Millionen-Metropole hin. Massen von Fußgängern und Radfahrern säumen den Straßenrand und vermitteln den Eindruck hektischer Betriebsamkeit. Viele sind schwer beladen mit Obst und Gemüse, Hühnern und Schweinen für den Markt. Dazwischen in den Parks das Kontrastprogramm: Vollkommen konzentriert und unbeeindruckt von dem geschäftigen Treiben üben sich Alte und Junge in Tai Chi.

Endlich wird die Besiedlung lockerer, der Verkehr und die Passanten am Straßenrand weniger. Der Weg steigt allmählich an, denn die westlichen Ausläufer des Himalaya reichen bis 50 Kilometer vor Chengdu. Je weiter wir die Stadt hinter uns lassen, desto auffälliger dominieren LKWs aus den Bergen das Straßenbild. 10, 20, 50, ... beim Zählen verlieren wir bald den Überblick, aber mindestens 100 LKWs kommen pro Tag aus Tibet in die chinesische Tiefebene. Alle haben nur eine Ladung: Holz. Selbst wer noch nie etwas von der Ausplünderung Tibets durch China gehört hat, erkennt, welchen Raubbau die Volksrepublik dort betreibt.

Am zweiten Tag der Reise erreichen wir Kanding, eine Stadt, die sich auf den ersten Blick nicht von anderen chinesischen Orten unterscheidet. Auf dem Markt herrscht reges Treiben. Neben Nahrungsmitteln jeder Art werden Kleidungsstücke und Haushaltswaren, Messer und Räucherstäbchen angeboten. Männer und Frauen in zweckmäßigen blauen Arbeitsanzügen bestimmen das Bild. Zumindest hier scheint die Uniformität der Mao-Ära noch nicht vorbei zu sein.

Erst abseits des Marktes erkennen wir, daß die Stadt auch noch eine andere Tradition hat. Buchstäblich an den Rand gedrängt, bieten die Tibeterinnen und Tibeter in den Seitengassen ihre Waren an. Die Auswahl ist ungleich bescheidener, doch die Anbieter beeindrucken durch ihre bunte Aufmachung. Khampa, die Bewohner der Provinz Kham, mit ihren typischen, in die Haare geflochtenen bunten Bändern, finden sich hier neben Frauen in ihrer traditionellen Kleidung, der Tschuba. Sie erinnern an eine Zeit, als Kanding unter seinem tibetischen Namen Dartsedo besser bekannt war. Bis 1950 war es die Grenzstation zum Nachbarland China, doch viel ist vom tibetischen Erbe nicht mehr übriggeblieben. Die Tibeterinnen und Tibeter stellen allenfalls noch ein Viertel der Bewohner, und daß ihr Anteil nicht weiter zurückgegangen ist, liegt an der geographischen Situation. Die Stadt liegt auf 2800 Metern Höhe in einem Flußtal. Die ringsum aufragenden Berge haben der chinesischen Besiedlung eine natürliche Grenze gesetzt – ihrer Dominanz indes nicht.

Plastik gegen Tradition

»Hier, schaut euch das an.« Ein alter Mann, der einmal sehr stattlich gewesen sein muß, möchte seine Empörung mit uns teilen. Er heißt Ngawang und war früher Schuhmacher. »Billiger Schund, soweit man sehen kann. Damit machen sie uns kaputt.« Die Verkäufer kennen ihn offenbar schon und würden ihn am liebsten wegjagen, doch mit Ausländern an seiner Seite halten sie sich zurück. Der Stein des Anstoßes sind lange Reihen von Plastikturnschuhen, die aus China kommen und die tibetischen Produkte verdrängen. Sie kosten gerade acht Yuan. Ngawang muß für ein Paar Lederschuhe, das er nach traditioneller Art anfertigt, das 5fache nehmen. Damit ist er natürlich nicht konkurrenzfähig. Ähnlich ergeht es den Schneidern, die sich gegen die Konkurrenz der billigen Nylonanzüge nicht behaupten können. Offenkundig umfaßt die wirtschaftliche Fremdbestimmung Tibets alle Lebensbereiche. Das Land dient als billiger Absatzmarkt für chinesische Produkte.

Die chinesische Dominanz und Überheblichkeit ist auch im Alltag spürbar. Eine typische Szene am späten Nachmittag. Es regnet; eine Frau mit Kind hält einen Kleinbus an. Der Fahrer stoppt zunächst, doch als er sieht, daß es sich um eine Tibeterin handelt, drückt er sogleich wieder aufs Gas.

Und dennoch ist dies nur ein Teil der Wirklichkeit. Aller Marginalisierung zum Trotz reagieren viele Tibeter nicht wie eine eingeschüchterte Minderheit im eigenen Land. Viele bewegen sich mit einer Würde durch die Straßen, die das triste Ambiente vergessen läßt. Die Umwälzungen und die für chinesische Städte so typische Hektik scheinen an den Menschen vorbeizugehen. In ihrem Kern haben sie sich offenkundig nicht verändert. Die wichtigste Quelle dieser Würde ist der Buddhismus. Er hat sich als langlebiger erwiesen, als die kommunistische Propaganda der Volksrepublik.

Dartsedo beherbergt nur noch drei tibetisch-buddhistische Tempel, und alle drei haben schon bessere Zeiten erlebt. Im Zentrum steht der Nanchu-Tempel, der aufgrund seiner Lage die meisten Besucher anzieht. Neben den Gläubigen finden vor allem Touristen den Weg dorthin und prägen sein Erscheinungsbild. Photoapparate klicken und bisweilen leuchten Blitzlichter auf. Gedämpfte Stimmen suchen nach Erklärungen für die vielen Wandzeichnungen und Statuen. Von Meditation und Kontemplation ist nicht mehr viel zu spüren. Früher haben hohe Gäste den Nanchu-Tempel aufgesucht, zum Beispiel der Fünfte Dalai Lama, als er 1653 bei einem Staatsbesuch in China vor dem Abstieg in die Ebene in Dartsedo Station machte.

In der jüngeren Vergangenheit waren Tempel und Klöster von Dartsedo Schauplätze eher unerfreulicher Ereignisse. Nach dem mißlungenen Volksaufstand von 1959 errichtete die Volksbefreiungsarmee in einem der Klöster ein berüchtigtes Gefangenenlager für »reaktionäre Elemente«.

Im Schatten der Kasernen

Bis heute sucht die Volksbefreiungsarmee die Nähe zu Tempeln und Klöstern, doch nicht aus religiösen Gründen, sondern weil sie in ihnen Horte des Widerstands sieht. Typisch ist das Schicksal des Dorjeedra-Tempels im Osten der Stadt, nahe einer Durchgangsstraße. Der Komplex aus dem 13. Jahrhundert paßt in das Bild einer sinisierten Stadt, die Mühe hat, eine Minderheit zu akzeptieren. Die Bauten sind heruntergekommen. Es fehlt an Geld, um sie nach den großen Zerstörungen grundlegend zu renovieren. Im Hauptgebäude des Tempels drängen sich zwei junge Chinesen auf, während sich die Mönche fast eingeschüchtert im Hintergrund halten. Hier haben sie tatsächlich nichts mehr zu sagen, denn in unmittelbarer Nähe steht eine Kaserne der

Volksbefreiungsarmee. Böses darf man sich dabei aber nicht denken, versichern uns die Chinesen. Der Tempel sei durch die Soldaten besonders geschützt. Das sagen sie nicht nur, das glauben sie offenbar auch. Von Gefangenen- und Vernichtungslagern der Armee haben sie bestimmt noch nichts gehört.

Ein paar hundert Meter weiter auf einer Anhöhe eröffnet sich dagegen eine ganz andere Welt. Dort steht der Lamansi-Tempel. Schon aus einiger Entfernung hören wir Schellen, Gongs, Hörner und melodische Wechselgesänge. Die knapp dreißig Mönche halten eine alte religiöse Zeremonie ab. Zum ersten Mal haben wir das Gefühl, in Tibet zu sein. China scheint weit entfernt. Zudem zeugt eine rege Bautätigkeit davon, daß sich die Menschen keinesfalls aufgegeben haben.

Die Weiterfahrt nach Litang führt tiefer in die tibetische Welt hinein. Allerdings künden abgeholzte Hänge rechts und links der Straße von dem ökologischen Raubbau, der hier stattgefunden hat. Der Ort selbst, schon 700 Kilometer von Chengdu entfernt, könnte widersprüchlicher kaum sein. Schon immer war Litang eine Hochburg des Widerstands gegen die chinesische Besetzung. Der Klosterbezirk, der früher den Charakter der Stadt geprägt hat, wurde deshalb 1959 von der chinesischen Luftwaffe bombardiert. Kein Stein blieb auf dem anderen. Berge von Votivgegenständen zeugen heute davon. Sie bestehen aus zerstörten Statuen oder Schrifttafeln, die den Zerstörern nutzlos erschienen, weil sie religiösen und keinen materiellen Wert besaßen. Gegenstände aus Gold, Silber oder anderen kostbaren Metallen sind nirgendwo mehr sichtbar. Die wußten die kommunistischen Chinesen sehr wohl zu schätzen. Wertgegenstände in Milliardenhöhe wurden im Zuge der großen Zerstörungen aus Tibet geraubt und eingeschmolzen oder auf dem internationalen Kunstmarkt verhökert. Niemand macht sich Illusionen, daß Peking für die Ausplünderung jemals Reparationen zahlen wird. Ungeachtet der Repression hat sich der Widerstandsgeist jedoch bis heute erhalten.

Litang gehört zu den wenigen Städten mit tibetischer Mehrheit. Dazu trägt vor allem die Lage bei. Der Ort liegt über 4000 Meter hoch, und die klimatischen Bedingungen sind deshalb sehr hart. Die dünne Luft und extrem kalte Winter halten chinesische Siedler fern. Obwohl der Klosterbezirk noch immer überwiegend aus Baustellen besteht und die ehemals goldenen Kuppeln nur vergoldete Imitate sind, ist das religiöse Leben neu erwacht. Alte und Junge umschreiten nach alter Sitte den Ritualweg um das Kloster oder begeben sich zu Gebet und Meditation ins Hauptgebäude. An den Restaurierungsarbeiten beteiligen sich auffällig viele junge Frauen. Sie schleppen Erde und Ziegel, trampeln den Boden fest oder sägen Holz. Dabei strahlen sie eine Fröhlichkeit und Lebensfreude aus, als würden sie gerade in die Sommerferien aufbrechen. Offenbar ist es auch für junge Tibeterinnen eher ein Privileg als eine Pflicht, beim Wiederaufbau der Klöster helfen zu können.

Nur einige hundert Meter vom Klosterbezirk entfernt offenbart sich das andere Litang. Dort dominiert eine Karaoke-Discothek. Sie erfeut sich unter der chinesischen Jugend großer Beliebtheit. Die Errungenschaften der Moderne haben im tibetischen Hochland jedoch ihre Tücken, denn hin und wieder fällt abends der Strom aus. Das enttäuschte Stöhnen ist dann noch im gegenüberliegenden Hotel deutlich zu hören.

Faszinierendes Hochland

Nach Litang offenbart Tibet seine faszinierende Seite. Der Weg steigt auf über 5000 Meter an. Damit befinden wir uns oberhalb der Baumgrenze, doch ist die Landschaft keinesfalls karg. Rechts und links des Weges erstrecken sich Wiesen soweit das Auge reicht. Ihr zartes Grün wird von violetten, blauen und roten Blumenfeldern unterbrochen. Alles zusammen wirkt wie ein überdimensionaler kosmischer Teppich. Im Winter ist es allerdings weniger idyllisch. Dann sinken die Temperaturen auf 40 Grad unter Null, und der Schnee liegt bis zu einem Meter hoch. In dieser Gegend sind die ursprünglichen Bewohner, die legendären Khampa-Nomaden, weitgehend unter sich. Wie eh und je folgen sie ihren zähen Hochlandrindern, den Yaks und Dris, die ihnen alles liefern, was sie zum Leben benötigen: Milch, Käse, Butter, Fleisch, Leder für Kleidung und Schuhe, Felle und sogar den Dung als wertvolles Brennmaterial. In den 60er Jahren wurden sie gezwungen, sich anzusiedeln, doch als eine gewisse Liberalisierung 20 Jahre später die Möglichkeit eröffnete, zu dem alten, harten Nomadendasein zurückzukehren, haben viele davon Gebrauch gemacht.

Nach der Hochebene führt die Straße allmählich bergab zum Yangtse-Fluß, wo die sogenannte »Autonome Region Tibet« offiziell beginnt. Die Tibeter akzeptieren die willkürliche Aufteilung aus dem Jahr 1965 indes nicht. Für sie gehört der östliche Teil der Provinz Kham ebenfalls zu ihrem Heimatland.

Bald erreichen wir wieder die Baumgrenze. Nadelhölzer, Bergbäche sowie gelegentliche Grünflächen vermitteln ebenfalls ein vertrautes Gefühl. Der idyllische Schein trügt jedoch. Zwischen Litang und dem Yangtse wird der Wald rücksichtslos abgeholzt. Hier, im Südosten Tibets, liegen die größten Waldbestände in dem ansonsten eher kargen Land. Vor der chinesischen Invasion betrug die Waldfläche etwa 220 000 Quadratkilometer – mehr als die Hälfte Deutschlands. Die alte tibetische Regierung wußte um die Bedeutung des Waldes und erließ Gesetze zu seinem Schutz. Das ist längst vergangen. Kahlschläge, mit denen China seinen Holzbedarf billig deckt, haben die Hälfte der Waldfläche bereits verschwinden lassen, und eine Trendwende ist nicht in Sicht. Der Bedarf des Milliardenvolkes an Holz für Häuser und Möbel, für Verschalungen und Verkleidungen sowie die angeblich so hygienischen Einweg-Eßstäbchen – eine aus Japan stammende

Unsitte – ist unermeßlich. China selbst beziffert den Wert des geplünderten Holzes auf über 50 Mrd. US-Dollar.

Holz ist nicht der einzige Reichtum im »Schatzhaus des Westens«, wie Tibet früher in China genannt wurde. Das Land enthält auch 120 verschiedene Metalle und Mineralien, darunter Gold, Silber, Kupfer, Lithium, Chromit, Borax sowie Uran. Sie alle werden ohne Rücksicht auf die Umwelt ausgebeutet.

Bei den Holzfällern

Wir besuchen eines der Zeltlager, die vom Wege aus zu sehen sind. Hier wohnen keine Khampa-Nomaden, sondern Holzfäller mit ihren Familien. Schon bald kündigt uns Hundegebell an. Der Empfang ist freundlich-reserviert. Die Männer und Frauen sind fremden Besuch nicht gewohnt, denn in diese Gegend verirren sich nicht viele Reisende. Das Eis ist jedoch bald gebrochen, und wir erhalten einen guten Einblick in die Arbeit der tibetischen Holzfäller. Die Gruppe stammt aus einem Dorf im Tal. Im Frühling errichten sie ihr Zeltlager, in dem sie bis zum Winter bleiben. Die Hänge, die zur Abholzung freigegeben werden, sind genau bezeichnet; der Kahlschlag selbst ist ebenso archaisch wie effektiv. Die Männer rücken dem Wald mit der Axt zu Leibe. Was in Malaysia und Indonesien schwere Motorsägen vollbringen, schafft hier die Masse der Arbeiter. Der Wald verschwindet, und kahle Hänge bleiben zurück.

In jedem Lager, von denen es hunderte im Südosten Tibets gibt, arbeiten sechs bis acht Männer nach genauen Vorgaben. Pro Tag muß jeder zwei Bäume fällen, was mit viel Routine kaum mehr als eine halbe Stunde dauert. Die eigentliche Arbeit beginnt jedoch erst danach. Rinde und Äste müssen entfernt und die Stämme zum Abtransport an die Straße gerollt werden. Je weiter der Kahlschlag an den Berghängen voranschreitet,

Eine Gruppe tibetischer Holzfäller östlich von Batang mit ihrem Tagespensum. Nach dem Fällen müssen alle Zweige und Äste entfernt und die Stämme ohne technische Hilfsmittel bis zur nächsten Straße transportiert werden. Hunderte solcher Gruppen vernichten die Waldbestände in der Provinz Kham.

desto länger wird der Weg zur Straße. Kräne, Bulldozer oder sonstige technische Hilfsmittel stehen den Männern natürlich nicht zur Verfügung.

In einer Pause möchten wir gern wissen, wie die Menschen zu ihrer Arbeit stehen. Sehen sie nicht die Gefahr, ihre eigene Lebensgrundlage zu zerstören? Oder ist so eine Frage bereits Anmaßung westlicher Wohlstandsbürger? Langdendruja, der Wortführer, antwortet zögernd: »Was sollen wir denn machen? Wir haben schließlich eine Familie zu ernähren...«. In der Tat sind die Holzfäller nicht die Verantwortlichen. Der Raubbau ist unmittelbar eine Folge der Besetzung durch China.

Eine andere Folge ist die Zerstörung der Subsistenzwirtschaft. Die Menschen in Tibet lebten im allgemeinen zwar nicht üppig, aber sie hatten ihr Auskommen. Mit der Zwangskollektivierung der tibetischen Landwirtschaft endete die Selbstversorgung, und nicht alle haben es geschafft, später wieder zum Nomadendasein zurückzukehren. Sie sind darauf angewiesen, Geld zu verdienen. Holzfällen im Dienst der Regierung bietet sich an und erscheint immer noch als das kleinere Übel, bevor die Kinder hungern. Wie alle Staatsangestellten auf unterster Ebene erhalten Holzfäller 300 Yuan im Monat.

Erheblich lukrativer ist der Holztransport, der größtenteils privat organisiert wird. Kleinunternehmer, die sich mit günstigen Krediten einen Lastwagen angeschafft haben, holen die Stämme vom Straßenrand ab und bringen sie nach Chengdu. Nur ein kleiner Teil wird in Tibet selbst verarbeitet. Pro Fuhre erhalten die Fahrer 3000 bis 4000 Yuan, mit denen sie alle Kosten decken müssen. Dennoch bleibt ihnen erheblich mehr als den Holzfällern, denn Treibstoff ist billig in China.

Langdendruja, der Holzfäller, verweist noch auf die Wiederaufforstung, zu der sich die chinesische Regierung verpflichtet hat. Das ist vor Ort jedoch reine Theorie und soll vermutlich vor allem das ökologisch sensible Ausland beruhigen. Unabhängige Quellen schätzen die wiederaufgeforsteten Flächen auf allenfalls 2 Prozent des Kahlschlags.

Die Abholzungen in Tibet haben auch gravierende Auswirkungen auf die Nachbarländer. Die großen Flüsse Asiens wie der Mekong, der Salween, der Ganges, der Brahmaputra, der Indus oder der Yangtse entspringen im tibetischen Hochland. Bei einem starken Monsunregen können die kahlen Hänge die Wassermassen nicht mehr halten. Sie rutschen ab und Erd- und Gesteinsmassen werden in die Flüsse gespült, die dadurch immer mehr verschlammen und verheerende Überschwemmungen verursachen.

Die immer wiederkehrenden Flutkatastrophen in Nepal und Bangladesh haben hier ihre Hauptursachen. Doch auch im Land selbst sind die Folgen des Raubbaus nicht zu übersehen. Etwa 120 Kilometer hinter Litang hat ein Erdrutsch die Straße vollständig weggespült. Die Aufräumarbeiten dauern mindestens drei Wochen. So lange bleiben die Lastwagenfahrer auf ihrem Weg Richtung Lhasa liegen. Für die Fußgänger haben Straßenarbeiter einen Trampelpfad am Berghang entlang angelegt. In die andere Richtung gibt es einen Pendelverkehr bisBatang, der letzten Stadt vor dem Yangtse. Batang ist aufgrund seiner günstigen Lage im Flußtal vollständig sinisiert. Über den Yangtse erreichen wir die »Autonome Region Tibet«. Hier haben wir die Hälfte der Strecke nach Lhasa zurückgelegt, doch weiter geht es nicht. Aufgrund des Erdrutsches ist der Durchgangsverkehr zum Erliegen gekommen. Uns bleibt deshalb nur, nach Chengdu zurückzukehren und ein Flugzeug zu nehmen. Die Natur hat sich als das größte Hindernis erwiesen.

Anhang

Die Menschen in Tibet haben aufgrund ihrer Religion die unerschütterliche Zuversicht, daß sich alles zum Guten wendet.

Helfried Weyer

Erläuterungen zu den Bildtafeln

Tafeln 1 – 8: Zerstörung

Die Zerstörung Tibets begann 1950 mit dem völkerrechtsverachtenden Einmarsch der Chinesen und erreichte ihren Höhepunkt in der Kulturrevolution von 1965 bis 1969. Die Welt sah weg, als sich auf ihrem dach ein beispielloses Drama ereignete. Heute setzen die Chinesen ihr Zerstörungswerk in Tibet mit anderen Mitteln fort; neben den Klosterruinen und Mani-Mauern entstehen unzählige chinesische Diskos und Bordelle, mit denen Moral und Tradition der jungen tibetischen Generation untergraben werden sollen.

Über den Beginn der Zerstörung Tibets notiert der Dalai Lama in seiner Autobiographie »Das Buch der Freiheit«:

»Ganz gleich, wie erfolgreich der Widerstand war, am Ende würden die Chinesen immer die Stärkeren sein, da sie uns einfach zahlen- und waffenmäßig weit überlegen waren. Was ich aber nicht voraussehen konnte, war die Bombardierung des Klosters in Litang in der Provinz Kham. Als ich davon erfuhr, weinte ich, da ich nicht glauben mochte, daß Menschen so grausam sein können. Dem Bombenangriff folgten die gnadenlosen Folterungen und Hinrichtungen von Frauen und Kindern, deren Männer und Väter der Widerstandsbewegung beigetreten waren, sowie die unglaublichen Entwürdigungen von Mönchen und Nonnen. Nachdem man sie festgenommen hatte, zwang man diese schlichten, religiösen Menschen in aller Öffentlichkeit ihr Keuschheitsgelübde miteinander zu brechen und sogar Menschen umzubringen.«

TAFELN 9 – 18: KULTUR UND RELIGION

Tibet war Heimat der letzten antiken Hochkultur auf Erden. Vor über 2500 Jahren lehrte der in Nepal geborene Religionsstifter Buddha, daß im Leben alle Dinge voneinander abhängen, veränderlich und vergänglich sind. Jeder Mensch wird nach Buddhas Lehre immer wieder in neues Leben hineingeboren – und damit auch in neues Leiden. Ursachen des Leides sind die Gier nach Sex, Glück, Reichtum und Ruhm, sowie der Haß. Erst wenn der Mensch diese Ursachen des Leides durch Selbsterkenntnis und Selbstdisziplin beseitigt, wird er aus dem Teufelskreis – Leben, Sterben und Wiedergeborenwerden – ausbrechen und in das Nirwana eingehen. Die Suche nach dem Nirwana bestimmt den Alltag und das gesamte Leben aller gläubigen Tibeter. Dazu bemerkt der Dalai Lama:

»Im 4. Jahrhundert unserer Zeitrechnung kamen seine (Buddhas) Lehren nach Tibet, wo sie im Laufe von einigen Jahrhunderten die ursprüngliche Bön-Religion ersetzten und so einflußreich wurden, daß buddhistische Prinzipien die tibetische Gesellschaft auf allen Ebenen beeinflußten. Die Tibeter sind ihrer Veranlagung nach ziemlich aggressiv und kriegerisch, ihr wachsendes religiöses Interesse änderte dies aber und wurde mit der Zeit ein entscheidender Faktor für Tibets zunehmende Isolation. Früher war Tibet einmal ein großes Reich gewesen, das sich über ganz Zentralasien erstreckte und weite Teile Nordindiens, Nordnepals und Bhutans mit einschloß. Es gehörte auch ein großer Bereich des heutigen China dazu. Im Jahre 763 eroberten tibetische Krieger sogar die Hauptstadt Chinas und forderten von den Chinesen Abgaben und andere Zugeständnisse. Mit dem Erstarken des Interesses am Buddhismus änderten sich aber die Beziehungen zu den Nachbarländern und nahmen einen spirituellen Charakter an. Das betraf besonders China, zu dem nun eine »Priester-Patron«-Beziehung bestand. Die Mandschu-Kaiser, die Buddhisten waren, bezeichneten den Dalai Lama als ›König in der Unterweisung des Buddhismus‹.«

TAFELN 19 – 25: ZUKUNFT – DAS LACHEN DER TIBETER

Trotz Unterdrückung, Zerstörung, Folterung und bis heute andauernder Menschenrechtsverletzungen haben die Tibeter ihr Lachen nicht verloren. Nirgendwo auf der Welt habe ich ein so fröhliches und trotz materieller Armut ständig lachendes Volk angetroffen. Das gilt für Tibeter in Tibet genauso wie für Tibeter im Exil. Der Grund liegt ganz einfach in der Tatsache, daß Tibeter ihren Glauben an ihre Religion, den Dalai Lama und die Gerechtigkeit nicht verloren haben.

Etwa 85000 Tibeter folgten ihrem Gottkönig Dalai Lama nach dessen Flucht aus Lhasa in das bittere Exil. Heute leben etwa 100000 Exiltibeter in Indien und in westlichen Ländern. Seit 1960 ist die kleine Himalayasiedlung Dharamsala im indischen Bundesstaat Himachal Pradesh Wohnort des Dalai Lama und Sitz der tibetischen Exilregierung. 1987 stellte der Dalai Lama vor dem Menschenrechtsausschuß des Repräsentantenhauses in Washington die folgenden Forderungen:

- Ganz Tibet (damit sind die Grenzen von 1914 gemeint) wird in eine Friedenszone umgewandelt;
- die chinesische Umsiedlungspolitik, welche die Existenz der Tibeter als ein eigenes Volk gefährdet, wird beendet;
- die fundamentalen Menschenrechte und die demokratische Freiheit werden respektiert;
- die zerstörte tibetische Landschaft (Atomversuche, Abholzung) wird saniert; keine Produktion von nuklearen Sachen mehr in Tibet und kein Mißbrauch des Landes als internationale Mülldeponie für nukleare Abfälle;
- ernsthafte Verhandlungen über den künftigen Status Tibets und über die Beziehung zwischen Tibetern und Chinesen.

Der Dalai Lama ist ein durch und durch optimistischer Mensch und notiert:

»Am Ende triumphiert der allen Menschen angeborene Wunsch nach Wahrheit, Gerechtigkeit und Verständnis über Unwissenheit und Verzweiflung. Wenn uns die Chinesen also unterdrückten, so konnte uns das nur stärken.«

Tafeln 26 – 30: **Reisen in Tibet**

Im Jahre 1904 marschierte der britische Colonel Francis Younghusband mit 1000 Soldaten, 4 Kanonen, 1450 Trägern, 7000 Eseln, 3451 Yaks und 4 Kamelen nach Tibet. Die kleine britische Armee erreichte nach unvorstellbaren Strapazen Gyantse und war von Kälte, Hunger und der Höhenkrankheit geschwächt.

Nicht viel anders ging es den klassischen Tibetreisenden Sven Hedin, Herbert Tichy, Ernst Schäfer, Heinrich Harrer und Alexandra David-Neel. Auch heute ist das Reisen auf dem Dach der Welt mit großen Strapazen und Schwierigkeiten verbunden, denn Höhe und Kälte haben sich nicht verändert. Straßen haben oft nicht den Namen verdient und eine Infrastruktur gibt es nur zwischen Lhasa und Shigatse.

Unwetter oder die normale Schneeschmelze können die Routen für Wochen blockieren, zu kaufen gibt es an vielen Orten weder Treibstoff noch Verpflegung. All diese Dinge müssen für große Strecken mitgenommen werden. Selbst neuerbaute »Hotels« und »Gästehäuser» sind für westliche Begriffe unzumutbar und verfügen oft weder über Toiletten noch über Wasser. Reisen in Tibet heißt »sich selbst versorgen« und »sich einschränken«. In allen Bereichen.

Tafeln 31 – 36: Die Schönheit Tibets

»Noch niemand hat je Tibet betreten, ohne seinem Zauber anheimzufallen, und wer weiß, ob nicht die Chinesen zum guten Ende statt die Tibeter zum Kommunismus zu bekehren, selbst allmählich unter dem Einfluß Tibets verwandelt werden, wie seinerzeit die mongolischen Horden.«

So optimistisch schwärmt Lama Anagarika Govinda von Tibet und der 14. Dalai Lama drückt seine Begeisterung für das Land so aus:

»Es dauerte nicht lange, da waren die Hügel mit Frühlingsblumen übersät und das Gras leuchtete in einem neuen und viel satteren Grün. Die Luft war voller Frische und überraschender Düfte. Es roch nach Jasmin, Geißblatt und Lavendel. Aus meinem Zimmer im Kloster konnte ich zum Fluß hinunterblicken, wo die Bauern ihre Schafe, Yaks und Dzo zum Weiden brachten. Ich beobachtete auch neidvoll die kleinen Grüppchen, die fast täglich kamen, um sich am Fluß ein Feuer zu machen, sich etwas zu kochen und zu picknicken.«

Ja, Tibet – das Dach der Welt, das Schneeland hinter dem Himalaya – gehört zweifellos zu den schönsten Ländern auf unserem Planeten. Nirgendwo ist die Luft klarer und sauberer, nirgendwo schweift der Blick des Reisenden so unendlich weit über Wüsten, vergletscherte Hochgebirge, Urwälder und Steppen und nirgendwo segeln die Wolken so weiß und unberührt von unserer Zivilisation wie in Tibet.

Helfried Weyer

Reiseinformationen und Empfehlungen

Tibet-Reisen sind ungewöhnliche Reisen; sie führen in extreme Höhen, in Gegenden ohne touristische Infrastruktur, über Straßen, die eigentlich gar keine sind, und in ein Land, in dem Einreise- sowie Durchreisebestimmungen ständig und willkürlich verändert werden.

1997 gab es beispielsweise keine Einreisegenehmigungen für Einzelreisende; eine Reisegruppe mußte mindestens fünf Personen stark sein. Während Gruppen in früheren Jahren ohne Probleme nach Tsaparang reisen und dort zelten konnten, ist das seit 1997 erschwert. Reisegruppen müssen heute im neu erbauten teuren Gästehaus in Tholing (ohne Restaurant und ohne Toiletten) übernachten und dort ein teures Tagesvisum bei der örtlichen Polizei für Tsaparang beantragen. Solche und ähnliche Schikanen können überall und immer wieder in Tibet erlassen werden.

Das China-Visum ist besonders für Einzelreisende noch kein Garant für die Einreise. Private Fahrzeuge durften 1997 nicht nach Tibet eingeführt werden. Solche »Spielregeln« können sich von Monat zu Monat ändern. In Europa ausgefertigte China-Visa werden an den Grenzen Tibets oft nicht anerkannt, sondern nur Visa, die in Hongkong oder Kathmandu ausgestellt wurden.

Mehr oder weniger verläßliche Auskünfte erteilt die
Botschaft der Volksrepublik China
Kurfürstenallee 12
D-53177 Bonn

Achtung: Das Visum für China muß neuerdings persönlich in Bonn abgeholt werden. Wer von Nepal nach Tibet und wieder zurück nach Nepal reist, braucht ein Nepal-Visum für zwei Einreisen. Dieses Visum kann in Bonn beantragt werden:

Königlich Nepalische Botschaft
Im Hag 15
D-53179 Bonn
oder am Flughafen in Kathmandu.

Auskünfte über derzeitige Einreisebestimmungen
und Reisemöglichkeiten erteilen folgende Adressen:
Tibet Initiative Deutschland e.V. (TID)
Bullmannaue 11
D-45327 Essen

Tibet Information Network (TIN)
City Cloisters
188-196 Old Street
UK-London, EC 1V 9FR

Fremdenverkehrsamt der Volksrepublik China
Ilkenhansstr. 6
D-60433 Frankfurt

Office of Tibet
Waffenplatzstr. 10
CH-8002 Zürich

Gesundheit und Hygiene

Impfungen sind für Tibet nicht vorgeschrieben. Tetanus-, Polio-, Typhus- und Hepatitisimpfungen sind empfehlenswert. Malaria gibt es in Tibet nicht.

Hygiene kann in Tibet zum Problem werden, Wasser kocht in großen Höhen bereits bei 60 – 70°C. Ich empfehle eigenes Toilettenpapier, eigene Seife, Erfrischungstücher und Medikamente gegen Magenverstimmung und Durchfall.

Höhenkrankheit:
Gegen die Höhenkrankheit helfen in leichten Fällen Kopfschmerztabletten (Aspirin, Spalt), in schweren Fällen nur künstlicher Sauerstoff und rasches Absteigen. Das ist in Tibet oft nicht möglich, da wir uns auf einem Hochplateau zwischen 4000 und 5000 Metern befinden. Rettungshelikopter sind nicht verfügbar.

Für Gruppenreisen in große Höhen (Kailash-Umrundung, Everestbasecamp usw.) empfehle ich den Überdrucksack der französischen Firma Certec. Bei akuter Bergkrankheit simuliert der Überdrucksack einen Abstieg von 1000 Metern.

Informationen:
Certec
F-69210 Sourcieux les Mines
Fax (33)74703766.

Als Vorbeugemedikament gegen Höhenkrankheit empfehle ich Diamox retard (Hausarzt befragen!). Wichtig: viel trinken!

Die Gefahr einer Höhenkrankheit besteht in Tibet besonders bei Reisen zum Basislager des Mount Everest und des Shisha Pangma. In beiden Fällen fährt der Tourist per Lkw oder Jeep in über

5000 Meter Höhe. Ich rate unbedingt zu einigen Akklimatisationstagen auf 4000 Meter Höhe oder darunter und dann zu einer langsamen Fußwanderung zum Endziel.

Unterkünfte

Saubere Unterkünfte mit westlichem Standard gibt es zur Zeit nur in Lhasa, Shigatse und Gyantse:

Lhasa

Lhasa-Hotel
(früher Holiday Inn)
1 Minzu Lu, Lhasa

Tibet Hotel
221 Beijing West Road,
Lhasa

Himalaya Hotel
6 Linkhor Donglu, Lhasa

Shigatse

Shigatse Hotel
13 Jiefang Middle Road,
Shigatse

Gyantse

Gyantse Hotel
8 Yingxiong Nanlu,
Gyantse

In den genannten Hotels werden internationale Kreditkarten akzeptiert. Für alle anderen Hotels und Gästehäuser empfehle ich eigene Schlafsäcke, eigene Handtücher und eigenes Toilettenpapier.

Tibet-Reisen sollten nur bei Veranstaltern mit großer Landeserfahrung und Verantwortung gebucht werden:

Ikarus Tours GmbH
Fasanenweg 1
61462 Königstein

DAV Summit-Club
Am Perlacher Forst 186
81545 München

Hauser Exkursionen International
Marienstr. 17
80331 München

Aqua Mountain Travel
Haidstr. 12 a
31619 Büren

Indoculture Tours
Bismarckplatz 1
70197 Stuttgart

Marco Polo Reisen
Postfach 1320
61468 Kronberg

Tibet war jahrhundertelang »Das verbotene Land«. Bis zur Mitte unseres Jahrhunderts gelangten nur einige Dutzend Abenteurer und Forscher nach Tibet und noch weniger nach Lhasa. 1980 öffnete China Teile Tibets für Touristengruppen, die nur auf dem Luftweg von der Volksrepublik China aus einreisen durften und sich zunächst nur zwischen Lhasa und Shigatse bewegen konnten. Schließlich wurde auch die Route zum Mount Everest erlaubt. Seit 1986 ist die Grenze zwischen Nepal und Tibet geöffnet. Inzwischen sind große Teile Tibets dem Tourismus zugänglich.

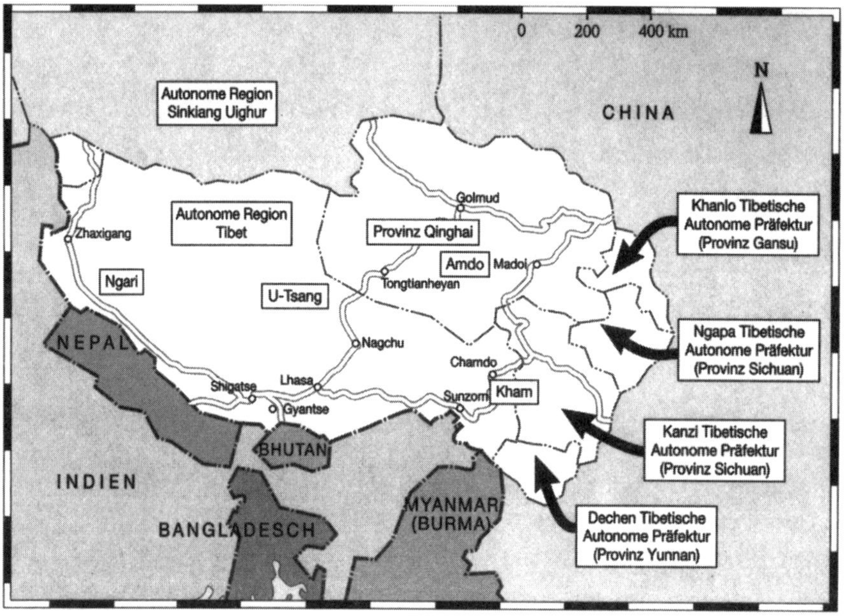

(Aus: Klemens Ludwig, »Tibet«, Beck'sche Reihe Länder Nr. 824, C.H. Beck'sche Verlagsbuchhandlung, München)

Dokumente

Der 17-Punkte-Vertrag vom 23. Mai 1951

zwischen der Volksrepublik China
und der Regierung von Tibet
über die Maßnahmen
zur friedlichen Befreiung Tibets

Der tibetische Volksstamm gehört zu den Volksstämmen innerhalb der chinesischen Grenzen, die auf eine lange Geschichte zurückblicken, und, wie viele andere Volksstämme, hat er eine glorreiche Rolle bei der Schaffung und Entwicklung unseres großen Mutterlandes gespielt. Im Laufe der vergangenen hundert Jahre oder länger noch drangen jedoch imperialistische Kräfte in China ein, faßten in der Folge auch im Gebiet von Tibet Fuß und erlaubten sich alle möglichen Provokationen und Täuschungsmanöver.

Wie frühere reaktionäre Regierungen setzte die reaktionäre Kuomintang-Regierung die Politik der Unterdrückung fort, säte Zwietracht unter den Volksstämmen und rief Spaltung und Uneinigkeit im tibetischen Volke hervor. Die lokale Regierung Tibets setzte sich gegen die imperialistischen Täuschungsmanöver und Provokationen nicht zur Wehr und nahm eine unpatriotische Haltung gegenüber unserem großen Mutterlande ein. Infolgedessen wurden Tibet und das tibetische Volk in den Abgrund der Sklaverei und schwerer Leiden gestürzt.

Im Jahre 1949 konnte das chinesische Volk in seinem Befreiungskrieg den entscheidenden Sieg erringen: Der gemeinsame innere Feind aller Volksstämme – die reaktionäre Kuomintang-Regierung – wurde gestürzt, und der gemeinsame äußere Feind aller Volksstämme – die imperialistischen Angreifer – wurde vertrieben. Auf dieser Basis wurden die Volksrepublik China und die Zentrale Volksregierung geschaffen.

Gemäß dem »Allgemeinen Programm«, das von der Politischen Beratenden Konferenz des Chinesischen Volkes (CPPCC) angenommen wurde, erklärte die Zentrale Volksregierung, daß alle Volksstämme innerhalb der Grenzen der Volksrepublik China gleichgestellt sind und daß sie für Einheit und gegenseitige Hilfeleistung sorgen und sich gegen imperialistische Bestrebungen und ihre eigenen öffentlichen Feinde zur Wehr setzen sollen, damit die Volksrepublik China eine große, brüderliche und zusammenhaltende Familie wird, die alle ihre Volksstämme umfaßt; daß innerhalb der großen Familie aller Volksstämme der Volksrepublik China nationale und regionale Autonomie in Gebieten herrschen soll, wo nationale Minderheiten geschlossen zusammenleben; daß alle nationalen Minderheiten ungehindert ihre eigenen Sprachen in Wort und Schrift pflegen und ihre Sitten, Gebräuche und ihren religiösen Glauben beibehalten oder reformieren dürfen, während die Zentrale Volksregierung ihrerseits allen nationalen Minderheiten behilflich sein wird bei der Fortentwicklung ihrer politischen, wirtschaftlichen, kulturellen und erzieherischen Aufbauarbeit. Seither sind alle Volksstämme im Lande mit Ausnahme derer im Gebiet von Tibet und Taiwan befreit worden. Unter der einheitlichen Führung der Zentralen Volksregierung und der direkten Führung auf höherer nationaler Ebene erfreuen sich alle nationalen Minderheiten in vollem Umfange des Rechtes nationaler Gleichheit und haben sich regional nationale Autonomie geschaffen oder sind im Begriff, sie zu schaffen.

Um die Einflüsse der imperialistischen Angreifer in Tibet erfolgreich zu beseitigen, die territoriale Einigung und Souveränität der Volksrepublik China zu vollenden und die nationale Sicherheit zu gewährleisten, um den tibetischen Volksstamm und das Volk zu befreien und zurückzuführen in die große Familie der Volksrepublik China, um die gleichen Rechte nationaler Gleichheit wie allen anderen Volksstämmen des Landes zuteil werden zu lassen und seine politische, wirtschaftliche, kulturelle und erzieherische Aufbauarbeit zu untersützen, ersuchte die Zentrale Volksregierung, als sie der Volksbefreiungsarmee den Befehl zum Einrücken in Tibet gab, die lokale Regierung Tibets, Delegierte zu den Zentralbehörden zu entsenden, um für den Abschluß eines Abkommens über Maßnahmen zur friedlichen Befreiung Tibets Gespräche einzuleiten.

In der zweiten Aprilhälfte des Jahres 1951 trafen die mit allen Vollmachten der lokalen Regierung Tibets ausgestatteten Delegierten in Peking ein. Die Zentrale Volksregierung ernannte bevollmächtigte Vertreter zu freundschafltichen Besprechungen mit den bevollmächtigten Delegierten der lokalen Regierung Tibets. Im Ergebnis dieser Besprechungen kamen beide Parteien überein, das folgende Abkommen zu treffen und seine Durchführung zu garantieren:

1. Das tibetische Volks soll sich zusammenschließen und die imperialistischen Angreifer aus Tibet vertreiben; das tibetische Volk soll in die große Völkerfamilie des Mutterlandes – der Volksrepublik China – zurückkehren.

2. Die lokale Regierung Tibets soll die Volksbefreiungsarmee beim Einrücken in Tibet aktiv unterstützen und die nationale Verteidigung festigen.

3. In Übereinstimmung mit der Politik gegenüber den Volksstämmen, wie sie im »Allgemeinen Programm« der Politischen Beratenden Konferenz des Chinesischen Volkes (CPPCC) verankert ist, hat das tibetische Volk das Recht zur Ausübung regional nationaler Autonomie unter der geeinten Führung der Zentralen Volksregierung.

4. Die Zentralbehörden werden das bestehende politische System in Tibet unverändert lassen. Die Zentralbehörden werden außerdem den bestehenden Status, die Funktionen und Befugnisse des Dalai Lama nicht antasten. Die Beamten der verschiedenen Rangstufen sollen ihre Ämter ausüben wie bisher.

5. Der bestehende Status, die Funktionen und Befugnisse des Pantschen Lama sollen erhalten bleiben.

6. Mit dem bestehenden Status, den Funktionen und Befugnissen des Dalai Lama und des Pantschen Lama sind der Status, die Funktionen und Befugnisse des Dreizehnten Dalai Lama und des Neunten Pantschen Lama zu der Zeit gemeint, als zwischen beiden freundschaftliche und friedliche Beziehungen bestanden.

7. Die Politik der religiösen Glaubensfreiheit, wie sie im »Allgemeinen Programm« der Politischen Beratenden Konferenz des Chinesischen Volkes (CPPCC) niedergelegt ist, soll wirksam werden. Religion, Sitten und Gebräuche des tibetischen Volkes sollen respektiert und die Lamaklöster geschützt werden. Die Zentralbehörden werden den Klöstern unverändert ihre Einkünfte belassen.

8. Die tibetischen Streitkräfte werden Schritt für Schritt der Volksbefreiungsarmee eingegliedert und Bestandteil der nationalen Verteidigungskräfte der Volksrepublik China werden.

9. Die Sprache in Wort und Schrift sowie das Schulwesen des tibetischen Volksstammes sollen in Übereinstimmung mit den heutigen Bedingungen in Tibet Schritt für Schritt entwickelt werden.

10. Die tibetische Landwirtschaft, Viehzucht, Industrie und der Handel sollen schrittweise entwickelt und der Lebensstandard des Volkes in Übereinstimmung mit den heutigen Bedingungen in Tibet schrittweise verbessert werden.

11. Hinsichtlich verschiedener Reformen in Tibet werden die Zentralbehörden keinen Zwang ausüben. Es bleibt der lokalen Regierung in Tibet überlassen, Reformen selbständig durchzuführen, und wenn im Volk Reformwünsche laut werden, sollen sie durch Beratung mit den maßgeblichen Personen in Tibet erfüllt werden.

12. Insofern frühere, dem Imperialismus und der Kuomintang zugeneigte Beamte alle Beziehungen zu imperialistischen Kräften und zur Kuomintang entschieden abbrechen und weder Sabotage betreiben noch Widerstand leisten, dürfen sie ungeachtet ihrer Vergangenheit im Amt bleiben.

13. Die in Tibet einrückende Volksbefreiungsarmee wird die oben aufgeführten politischen Richtlinien beachten, wird sich bei allen Käufen und Verkäufen anständig verhalten und der Bevölkerung nicht das geringste – weder Nadel noch Faden – gewaltsam nehmen.

14. Die Zentrale Volksregierung soll die auswärtigen Angelegenheiten des Gebietes Tibet einheitlich handhaben. Mit den Nachbarländern wird friedliche Koexistenz herrschen, und auf der Basis von Gleichheit, gegenseitigem Nutzen und gegenseitiger Achtung der Grenzen und der Souveränität werden mit ihnen faire Wirtschafts- und Handelsbeziehungen aufgenommen und entwickelt werden.

15. Zur Sicherung der praktischen Durchführung dieses Abkommens soll die Zentrale Volksregierung einen Militär- und Verwaltungsausschuß sowie ein militärisches Hauptquartier in Tibet schaffen. Außer dem von der Zentralen Volksregierung entsandten Personal soll möglichst viel einheimisches tibetisches Personal zur Mitarbeit herangezogen werden.

Zu dem einheimischen tibetischen Personal, das in dem Militär- und Verwaltungsausschuß mitarbeitet, können patriotische Kräfte aus der lokalen Regierung Tibets, aus verschiedenen Gebieten und aus führenden Klöstern gehören; die Namensliste soll nach Konsultation zwischen den Beauftragten der Zentralen Volksregierung und den verschiedenen in Frage kommenden Behörden aufgestellt und der Zentralen Volksregierung zur Genehmigung vorgelegt werden.

16. Die Kosten für den Militär- und Verwaltungsausschuß, das militärische Hauptquartier und die in Tibet einrückende Volksbefreiungsarmee werden von der Zentralen Volksregierung getragen. Die lokale Regierung Tibets wird die Volksbefreiungsarmee beim Ankauf und Transport von Lebensmitteln, Futter und anderen Dingen des täglichen Bedarfs unterstürzen.

17. Dieses Abkommen tritt sofort in Kraft, nachdem die Unterschriften geleistet und die Dokumente gesiegelt sind.

Unterzeichnet und besiegelt von den bevollmächtigten Delegierten der Zentralen Volksregierung:
Chef-Delegierter Li Wei-han (Vorsitzender der Kommission für Angelegenheiten der Nationalitäten);
Delegierte: Chang Ching-wu, Chang Kuo-hua, Sun Chih-yuan.

Bevollmächtigte Delegierte der Landesregierung Tibets:
Chef-Delegierter: Kalön Ngabö Ngawang Dschigme (Hgabö Schape);
Delegierte: Dsasag Kema Sonam Wangdü, Kendrung Tubten Tender, Kentschung Tubten Legmön, Rimschi Sampossä Tenzin Döndrub.

Peking, am 23. Mai 1951

(Aus: Lehmann/Ullal, »Tibet. Das stille Drama auf dem Dach der Welt«. Geo Buch Hamburg, 1981)

Die Rede des Dalai Lama

anläßlich der Verleihung des Friedensnobelpreises in Oslo, am 10. Dezember 1989

Meine Brüder und Schwestern, es ist mir eine Ehre und Freude, heute bei Ihnen zu sein. Ich freue mich wirklich, so viele alte Freunde aus den unterschiedlichsten Weltgegenden zu treffen und neue Freunde zu gewinnen, die ich einmal wiederzusehen hoffe. Wenn ich in vielen Teilen der Welt mit Leuten zusammenkomme, erinnert mich das immer daran, daß wir im Grunde alle gleich sind: Wir sind alle Menschen. Wir tragen vielleicht verschiedene Kleider, unsere Hautfarbe ist verschieden, oder wir sprechen verschiedene Sprachen. Doch das sind Unterschiede an der Oberfläche. Im Grunde sind wir die gleichen Menschen. Das verbindet uns. Das ermöglicht uns, einander zu verstehen und Freundschaft und Nähe zu entwickeln.

Ich habe mich entschlossen, Ihnen einige meiner Gedanken zu Problemen mitzuteilen, die uns als Mitglieder der Menschheitsfamilie alle angehen. Weil wir alle diesen kleinen Planeten Erde miteinander teilen, müssen wir lernen, miteinander und mit der Natur in Einklang und Frieden zu leben. Das ist nicht bloß ein Traum, sondern Notwendigkeit. Wir sind in so vieler Hinsicht voneinander abhängig, daß wir nicht mehr länger in isolierten Gemeinschaften leben und ignorieren können, was außerhalb dieser

Gemeinschaften geschieht. Wir müssen einander helfen, wenn wir Schwierigkeiten haben, und uns gegenseitig an unserem Wohlergehen teilhaben lassen. Ich spreche zu Ihnen von Mensch zu Mensch als ein einfacher Mönch. Wenn Sie meine Worte sinnvoll finden, hoffe ich, daß die danach zu handeln versuchen.

Ich möchte Ihnen heute auch sagen, was ich über die Not und die Hoffnungen des tibetischen Volkes denke. Der Nobelpreis ist eine Ehrung, die dieses Volk für seinen Mut und seine unerschütterliche Entschlossenheit in vierzig Jahren sehr wohl verdient hat. Als freier Sprecher für meine gefangenen Landsleute sehe ich es als meine Pflicht an, in ihrem Namen das Wort zu ergreifen. Ich tue das nicht mit Wut oder Haß auf die, die für das unermeßliche Leid unseres Volkes und für die Zerstörung unseres Landes, unserer Häuser und unserer Kultur verantwortlich sind. Auch sie sind Menschen, die nach Glückseligkeit streben und unser Mitleid verdienen. Ich will Sie über die traurige Lage in meinem Land und über die Hoffnungen meines Volkes informieren, denn in unserem Kampf für die Freiheit ist die Wahrheit unsere einzige Waffe.

Wenn wir uns klarmachen, daß wir im Grunde alle gleich sind, Menschen, die nach Glückseligkeit streben und Leid zu vermeiden suchen, dann hilft uns das, ein Gefühl der Brüderlichkeit zu entwickeln, ein warmes Gefühl der Liebe und des Mitleids für andere. Dies wiederum ist entscheidend, wenn wir in dieser immer kleiner werdenden Welt überleben wollen. Denn wenn jeder von uns selbstsüchtig nur das verfolgt, was er für seine eigenen Interessen hält, ohne sich um die Nöte anderer zu kümmern, werden wir schließlich nicht nur anderen schaden, sondern auch uns selbst. Das ist im Laufe dieses Jahrhunderts ganz deutlich geworden. Wir wissen zum Beispiel, daß es Selbstmord gleichkäme, riskierten wir heute einen Atomkrieg; daß wir durch die Verschmutzung der Luft und der Meere für einen kurzfristigen Gewinn die Grundlage unseres Überlebens zerstören. Weil die einzelnen und die Völker immer mehr voneinander abhängig werden, haben wir keine andere Wahl, als ein Gefühl der universalen Verantwortung zu entwickeln.

Heute sind wir wirklich eine erdumspannende Familie. Was in einem Teil der Welt geschieht, kann uns alle betreffen. Dies gilt natürlich nicht nur für die negativen, sondern auch für die positiven Entwicklungen. Nicht nur wissen wir, dank der außerordentlich entwickelten Kommunikationstechniken, was anderswo passiert, wir werden auch von weit entfernten Ereignissen direkt betroffen. Wir sind traurig, wenn Kinder in Ostafrika verhungern. In ähnlicher Weise verspüren wir Freude, wenn eine Familie, nach Jahrzehnten der Trennung durch die Mauer in Berlin, wieder vereint ist. Unsere Ernten, unser Vieh werden vergiftet, unsere Gesundheit, unsere Lebensgrundlagen sind bedroht, wenn sich viele Kilometer entfernt in einem anderen Land ein atomarer Zwischenfall ereignet. Unsere eigene Sicherheit wird gefestigt, wenn kriegführende Parteien auf anderen Kontinenten Frieden schließen.

Doch Krieg oder Frieden, Zerstörung oder Schutz der Umwelt, Bruch oder Förderung der Menschenrechte und der demokratischen Freiheiten, Armut oder Wohlstand, Mangel an moralischen und geistlichen Werten oder ihr Bestehen und ihre Entwicklung, Zusammenbruch oder Verbesserung der Verständigung unter den Menschen sind keine isolierten Erscheinungen, die man unabhängig voneinander analysieren und in Angriff nehmen kann. Vielmehr sind sie auf allen Ebenen eng miteinander verbunden; aus diesem Verständis heraus muß man mit ihnen umgehen.

Frieden im Sinne von Abwesenheit von Krieg hat einen geringen Wert für jemanden, der vor Hunger oder Kälte stirbt. Einem Gefangenen, der wegen seiner Überzeugung eingesperrt ist, wird ein solcher Frieden die Schmerzen der Folterung nicht nehmen. Er ist kein Trost für die, welche ihre Angehörigen bei

Überschwemmungen verloren haben, die von sinnlosen Abholzungen in einem Nachbarland verursacht wurden. Frieden kann nur von Dauer sein, wo die Menschenrechte respektiert werden, wo die Menschen zu essen haben und wo der einzelne und die Völker frei sind. Wahren Frieden mit uns selbst und mit der Welt um uns herum können wir nur durch die Entwicklung von innerem Frieden erlangen. Die anderen genannten Phänomene sind auf ähnliche Weise miteinander verbunden. So erkennen wir zum Beispiel, daß eine saubere Umwelt, Wohlstand oder Demokratie wenig bedeuten angesichts eines Krieges, vor allen eines Atomkrieges, und daß materielle Entwicklung nicht ausreicht, das Glück der Menschen zu garantieren.

Natürlich ist materieller Fortschritt wichtig für die Entwicklung der Menschen. In Tibet haben wir uns viel zuwenig um den technischen und wirtschaftlichen Fortschritt gekümmert, und heute merken wir, daß das ein Fehler war. Andererseits kann materielle Entwicklung ohne eine spirituelle Entwicklung ebenfalls ernste Probleme schaffen. In einigen Ländern widmet man äußerlichen Dingen zu viel Aufmerksamkeit, der inneren Entwicklung wird zu wenig Bedeutung beigemessen. Ich glaube, daß beide wichtig sind und nebeneinander wachsen müssen, um einen ausgeglichenen Zustand zu erreichen. Die Tibeter werden von ausländischen Besuchern immer als glückliches, freundliches Volk beschrieben. Das gehört zu unserem Volkscharakter, der von kulturellen und religiösen Werten geprägt ist, welche die Bedeutung des inneren Friedens durch die Entwicklung von Liebe und Güte zu allen lebenden und fühlenden Wesen, Menschen wie Tieren, unterstreichen. Innerer Friede ist der Schlüssel: Wenn Sie in Ihrem Inneren von Frieden erfüllt sind, beeinträchtigen äußerliche Probleme nicht dieses tiefempfundene Gefühl für Frieden und Ruhe. In diesem Geisteszustand können Sie Situationen ruhig und vernünftig bewältigen und dabei Ihre innere Fröhlichkeit bewahren. Das ist sehr wichtig. Ohne diesen inneren Frieden können Sie, wie bequem Ihr Leben materiell gesehen auch sein mag, dennoch ängstlich, verwirrt oder unglücklich wegen irgendwelcher Umstände sein.

Es ist deshalb von großer Bedeutung, die Wechselbeziehungen zwischen diesen und anderen Erscheinungen zu verstehen und zu versuchen, Probleme auf eine ausgeglichene Weise zu lösen, die diese unterschiedlichen Aspekte berücksichtigt. Das ist natürlich nicht einfach. Aber es nützt wenig, sich um die Lösung eines Problems zu bemühen, wenn dabei ein genauso ernstes neues entsteht. Wir haben also keine Wahl: Wir müssen ein Gefühl der universalen Verantwortung entwickeln, und zwar nicht nur im geographischen Sinne, sondern auch im Hinblick auf die verschiedenen Probleme, die unseren Planeten bedrohen.

Die Verantwortung tragen nicht nur die Führer unserer Länder oder die, die für eine bestimmte Aufgabe ernannt oder gewählt worden sind. Verantwortung trägt jeder von uns. Frieden zum Beispiel fängt bei jedem einzelnen an. Wenn wir inneren Frieden besitzen, können wir mit den Menschen um uns herum in Frieden leben. Wenn unsere Gemeinde in Frieden lebt, kann sie diesen Frieden mit Nachbargemeinden teilen, und so weiter. Wenn wir Gefühle der Liebe und Güte für andere haben, fühlen sich nicht nur die anderen geliebt und beachtet, sondern es hilft auch uns selbst, innere Fröhlichkeit, inneren Frieden zu entwickeln. Es gibt durchaus Möglichkeiten, bewußt an der Entwicklung von Gefühlen der Liebe und Güte zu arbeiten. Für einige von uns besteht die wirkungsvollste Möglichkeit in der Religionsausübung. Für andere mögen es nichtreligiöse Übungen sein. Wichtig ist, daß jeder von uns sich ehrlich bemüht, unsere Verantwortung füreinander und für die Umwelt ernst zu nehmen.

Die Entwicklungen, die um uns herum stattfinden, ermutigen mich. Nachdem die Jugend in vielen Ländern, vor allem im nördlichen Europa, wiederholt die Beendigung der gefährlichen Umweltzerstörung gefordert hat, die im Namen der wirtschaftlichen Entwicklung vorangetrieben wurde, beginnen die politischen Führer in aller Welt, mit bedeutenden Maßnahmen dieses Problem in Angriff zu nehmen. Der Bericht der Weltkommission für Umwelt und Entwicklung an den Generalsekretär der Vereinten Nationen (Brundtland-Report) war ein wichtiger Schritt, denn er brachte den Regierungen die Dringlichkeit der Angelegenheit nahe. Ernsthafte Bemühungen, Frieden in Kriegsgebiete zu bringen und das Selbstbestimmungsrecht einiger Völker zu verwirklichen, hatten den Rückzug der sowjetischen Truppen aus Afghanistan und die Errichtung des unabhängigen Namibias zur Folge. Hartnäckige, gewaltfreie Proteste der Bevölkerung haben viele Länder wirklicher Demokratie näher gebracht. Das ist an vielen Stellen geschehen, von Manila auf den Philippinen bis nach Berlin. Nun, da die Ära des Kalten Krieges zu Ende zu gehen scheint, leben die Menschen überall mit neuer Hoffnung. Leider wurden die mutigen Anstrengungen des chinesischen Volkes, ähnliche Veränderungen auch in ihrem Land zu bewirken, im vergangenen Juni brutal zunichte gemacht. Aber auch ihre Bemühungen sind eine Quelle der Hoffnung. Die militärische Macht hat die Sehnsucht des chinesischen Volkes nach Freiheit und seine Entschlossenheit, sie zu erringen, nicht ausgelöscht. Ich bewundere ganz besonders, daß diese jungen Leute, die man gelehrt hatte, die Macht komme aus dem Lauf der Gewehre, statt dessen die Gewaltfreiheit als ihre Waffe wählten. Diese positiven Veränderungen zeigen, daß Vernunft, Mut, Entschlossenheit und die unauslöschliche Sehnsucht nach Freiheit letztlich siegen können. Im Kampf zwischen den Kräften des Kriegs, der Gewalt und der Unterdrückung auf der einen Seite und denen des Friedens, der Vernunft und der Freiheit auf der anderen sind die letzteren dabei, die Oberhand zu gewinnen. Das erfüllt uns Tibeter mit der Hoffnung, daß auch wir eines Tages wieder frei sein werden.

Auch die Verleihung des Nobelpreises an mich, einen einfachen Mönch aus dem fernen Tibet, hier in Norwegen, läßt uns

Tibeter hoffen. Sie bedeutet, daß wir, obwohl wir auf unsere Not nicht mit Gewalt aufmerksam gemacht haben, nicht vergessen worden sind. Sie bedeutet auch, daß unsere Werte, vor allem unsere Achtung allen Formen des Lebens gegenüber und der Glaube an die Macht der Wahrheit, heute anerkannt und wir darin bestärkt werden. Sie ist ferner eine Ehrung meines Lehrers Mahatma Gandhi, dessen Beispiel so viele von uns inspiriert. Die Preisverleihung dieses Jahr zeigt, daß das Gefühl der universalen Verantwortung sich allmählich entwickelt. Ich bin tief berührt von der aufrichtigen Besorgnis, die so viele Menschen in diesem Teil der Welt über das Leiden des tibetischen Volkes zum Ausdruck bringen. Das ist eine Quelle der Hoffnung nicht nur für uns Tibeter, sondern für alle unterdrückten Völker.

Wie Sie wissen, ist Tibet seit vierzig Jahren von ausländischen Truppen besetzt. Heute sind mehr als eine Vietelmillion chinesische Truppen in Tibet stationiert. Einige Quellen schätzen die Stärke der Besatzungsarmee sogar auf das Doppelte. In dieser Zeit wurden die Tibeter ihrer grundlegendsten Menschenrechte beraubt wie des Rechts auf Leben, der Reise-, Rede- und Religionsfreiheit, um nur einige zu nennen. Mehr als ein Sechstel der sechs Millionen zählenden Bevölkerung Tibets starben als direkte Folge des Einmarsches und der Besetzung durch die Chinesen. Bereits vor der Kulturrevolution wurden viele der tibetischen Klöster, Tempel und historischen Gebäude zerstört. Beinahe alles, was übrigblieb, wurde dann während der Kulturrevolution vernichtet. Ich will mich dabei nicht lange aufhalten, die Vorgänge sind gut dokumentiert. Es ist jedoch wichtig, sich klarzumachen, daß trotz der begrenzten Freiheit, die nach 1979 den Wiederaufbau von Teilen einiger Klöster und ähnliche Zeichen der Liberalisierung ermöglichte, heute die grundlegenden Menschenrechte des tibetischen Volkes immer noch systematisch verletzt werden. In den vergangenen Monaten hat sich diese Lage sogar noch verschlimmert.

Gäbe es nicht unsere Exilgemeinde, die von der Regierung und dem Volk Indiens so großzügig beschützt und unterstützt wird und der Organisationen und einzelne aus vielen Teilen der Welt helfen, wäre unsere Nation wenig mehr als das zerrüttete Überbleibsel eines Volkes. Unsere Kultur, Religion und nationale Identität wären ausgerottet worden. Doch im Exil haben wir Schulen und Klöster gebaut und demokratische Institutionen geschaffen, um unserem Volk zu dienen und den Samen unserer Kultur zu bewahren. Mit Hilfe dieser Erfahrungen wollen wir in einem künftigen, freien Tibet eine umfassende Demokratie errichten. So lassen wir unsere Exilgemeinde sich nach modernen Gesichtspunkten entwickeln, bewahren aber gleichzeitig unsere kulturelle Identität und halten sie hoch. Dadurch machen wir Millionen unserer Landsleute in Tibet Hoffnung.

Am beunruhigendsten ist zur Zeit das Einströmen chinesischer Siedler nach Tibet. Obwohl in den ersten Jahrzehnten der Besetzung bereits eine beträchtliche Anzahl von Chinesen in die östlichen Teile Tibets umgesiedelt wurde – in die tibetischen Provinzen Amdo (Chinghai) und Kham, die größtenteils benachbarten chinesischen Provinzen angegliedert wurden –, hat die chinesische Regierung seit 1983 eine beispiellose Zahl von Chinesen dazu ermuntert, in alle Teile Tibets einzuwandern, einschließlich Zentral- und Westtibet, die von der Volksrepublik als Autonome Region Tibet bezeichnet werden. Die Tibeter werden zusehends zu einer unbedeutenden Minderheit in ihrem eigenen Land. Dieser Trend, der das Überleben des tibetischen Volkes, seiner Kultur und seines spirituellen Erbes bedroht, kann noch aufgehalten und umgekehrt werden. Aber das muß sofort geschehen, bevor es zu spät ist.

Der neue Zyklus von Protest und gewaltsamer Unterdrückung, der in Tibet im September 1987 begann und im März 1989 seinen Höhepunkt in der Verhängung des Kriegsrechts in der Hauptstadt Lhasa fand, war im wesentlichen eine Reaktion auf diesen ungeheuren Zustrom von Chinesen. Im Exil haben uns Informationen erreicht, denen zufolge Protestmärsche und andere friedliche Formen des Protests in Lhasa und an einigen anderen Orten in Tibet fortgesetzt werden, trotz der strengen Bestrafung und der unmenschlichen Behandlung, die Tibeter erleiden müssen, die wegen Äußerung ihrer Beschwerden verhaftet werden. Die Zahl der Tibeter, die während der Proteste im März von Sicherheitskräften getötet wurden, und derer, die später in der Haft umkamen, ist nicht bekannt. Sie wird auf über zweihundert geschätzt. Tausende wurden festgenommen, verhaftet und eingesperrt; Folter ist an der Tagesordnung.

Vor dem Hintergrund dieser sich verschlechternden Lage und um weiteres Blutvergießen zu vermeiden, habe ich den sogenannten Fünf-Punkte-Friedensplan für die Wiederherstellung des Friedens und der Menschenrechte in Tibet vorgelegt. In einer Rede in Straßburg 1988 habe ich dazu ausführlich Stellung genommen. Meiner Meinung nach stellt der Plan einen vernünftigen und realistischen Rahmen für Verhandlungen mit der Volksrepublik China dar. Doch bisher waren Chinas Führer nicht willens, konstruktiv darauf zu reagieren. Die brutale Unterdrückung der chinesischen Demokratiebewegung im Juni 1989 unterstrich aber meinen Standpunkt, daß jegliche Lösung der Tibet-Frage nur sinnvoll ist, wenn sie von angemessenen internationalen Garantien gestützt wird.

Der Fünf-Punkte-Friedensplan handelt von den grundlegenden und miteinander verbundenen Themen, auf die ich mich im ersten Teil der Rede bezogen habe. Er sieht vor:

1. Umwandlung ganz Tibets, einschließlich der östlichen Provinzen Kham und Amdo, in eine Ahimsa – (gewaltfreie) Zone.
2. Beendigung der chinesischen Umsiedlungspolitik.
3. Achtung der Menschrechte und der demokratischen Freiheiten des tibetischen Volkes.

4. Wiederherstellung und Bewahrung der natürlichen Umwelt in Tibet.
5. Beginn ernsthafter Verhandlungen über den künftigen Status Tibets und Aufnahme von offiziellen Beziehungen zwischen dem tibetischen und dem chinesischen Volk. In Straßburg schlug ich vor, daß Tibet ein sich völlig selbstverwaltendes demokratisches Gebilde werden solle.

Ich möchte die Gelegenheit nutzen, den Begriff Ahimsa-Zone oder Friedenszone zu erklären, welcher das entscheidende Element des Fünf-Punkte-Friedensplans bildet. Es ist von großer Bedeutung nicht nur für Tibet, sondern auch für Frieden und Stabilität in ganz Asien.

Mein Traum ist, daß die ganze tibetische Hochebene eine freie Zufluchtstätte werden soll, in der Mensch und Natur in Frieden und harmonischer Ausgewogenheit leben können. Sie wäre ein Ort, an dem Menschen aus aller Welt die wahre Bedeutung des Friedens in ihrem Innern erforschen könnten, weg von den Spannungen und Belastungen, die es sonst fast überall auf der Welt gibt. Ja, Tibet könnte ein schöpferisches Zentrum für die Förderung und Entwicklung des Friedens werden.

Zu den Schlüsselelementen der vorgeschlagenen Ahimsa-Zone gehören:

- Entmilitarisierung der ganzen tibetischen Hochebene.
- Verbot der Herstellung, Erprobung und Lagerung von Atomwaffen und anderen Waffen auf der tibetischen Hochebene.
- Umwandlung der tibetischen Hochebene in den größten Naturschutzpark der Welt; Anwendung strenger Gesetze zum Schutz der Tiere und Pflanzen; umsichtige Regulierung der Ausbeutung natürlicher Ressourcen, damit die zugehörigen Ökosysteme nicht beschädigt werden; vernünftige Entwicklungsmaßnahmen in den bevölkerten Gebieten.

- Verbot der Herstellung und Benutzung von Atomkraft und anderen Technologien, die gefährlichen Abfall produzieren.
- Ausrichtung der nationalen Ressourcen und Politik auf die aktive Förderung des Friedens und des Umweltschutzes; Organisationen, die sich der Friedensförderung und des Schutzes aller Formen des Lebens widmen, wären in Tibet willkommen.
- Ermutigung für internationale und regionale Organisationen für die Förderung und den Schutz der Menschenrechte, sich in Tibet niederzulassen.

Durch Tibets Höhenlage und seine Größe (sie entspricht der der Europäischen Gemeinschaft) wie auch durch seine einzigartige Geschichte und sein umfassendes spirituelles Erbe eignet sich das Land in idealer Weise dafür, im strategischen Zentrum Asiens ein Hort des Friedens zu sein. Das würde auch Tibets historischer Rolle einer friedlichen buddhistischen Nation und einer Pufferzone zwischen den starken und oft rivalisierenden Mächten des asiatischen Kontinents entsprechen.

Um bestehende Spannungen in Asien zu verringern, hat der sowjetische Staatspräsident Gorbatschow vorgeschlagen, die sowjetisch-chinesische Grenze zu entmilitarisieren und sie in eine »Grenze des Friedens und der gutnachbarschaftlichen Beziehungen« umzuwandeln. Die nepalesische Regierung hatte davor schon einmal vorgeschlagen, daß das nepalesische Himalaja-Gebiet an der Grenze zu Tibet eine Friedenszone werden solle – allerdings war in diesem Vorschlag eine Entmilitarisierung nicht vorgesehen.

Für die Stabilität und den Frieden in Asien ist es ausschlaggebend, daß Friedenszonen geschaffen werden, um die größten Mächte und möglichen Gegner auseinanderzuhalten. Der Vorschlag Gorbatschows, zu dem auch ein vollständiger Rückzug der sowjetischen Truppen aus der Mongolei gehörte, würde dazu beitragen, Spannungen und Konfliktpotential zwischen der

Sowjetunion und China abzubauen. Eine echte Friedenszone muß natürlich auch zwischen den beiden bevölkerungsreichsten Staaten der Welt, China und Indien, errichtet werden.

Die Schaffung der Ahimsa-Zone erforderte den Rückzug von Truppen und militärischen Einrichtugen aus Tibet, was Indien und Nepal ermöglichte, ebenfalls Truppen und militärische Einrichtungen aus den Himalaja-Gebieten an der Grenze zu Tibet abzuziehen. Das müßte durch internationale Abkommen erreicht werden. Eine solche Entwicklung läge im wohlverstandenen Interesse aller Staaten in Asien, vor allem Chinas und Indiens, da es ihre Sicherheit festigte und gleichzeitig die wirtschaftliche Belastung durch die Unterhaltung hoher Truppenkonzentrationen in weit entfernten Gebieten verminderte.

Tibet wäre nicht das erste strategisch wichtige Gebiet, das entmilitarisiert würde. Teile der Sinai-Halbinsel, des ägyptischen Territoriums zwischen Israel und Ägypten, waren teilweise entmilitarisiert. Costa Rica ist natürlich das beste Beispiel für ein völlig entmilitarisiertes Land.

Tibet wäre auch nicht das erste Gebiet, das in einen Naturschutzpark verwandelt würde. Viele solcher Parks sind in der ganzen Welt geschaffen worden. Einige Gebiete von großer strategischer Bedeutung wurden zu natürlichen »Friedensparks« erklärt. Zwei Beispiele sind der La-Amistad-Park an der Grenze zwischen Costa Rica und Panama und das Si-A-Paz-Projekt an der Grenze zwischen Costa Rica und Nicaragua.

Als ich Costa Rica 1989 besuchte, habe ich gesehen, wie sich ein Land ohne Armee erfolgreich entwickeln und eine stabile Demokratie werden kann, die dem Frieden und dem Umweltschutz verpflichtet ist. Dies bestärkte mich darin, daß meine Vision von einem künftigen Tibet ein realisitischer Plan ist, nicht nur ein Traum.

Lassen Sie mich zum Schluß Ihnen allen und unseren Freunden, die heute nicht zugegen sind, herzlich danken. Die Besorgnis und die Unterstützung, die Sie für die Tibeter und ihre Not zum Ausdruck gebracht haben, haben uns alle tief berührt und machten uns auch weiterhin Mut, für Freiheit und Gerechtigkeit zu kämpfen, nicht mit Gewalt, sondern mit den mächtigen Waffen der Wahrheit und der Entschlossenheit. Ich spreche für das ganze tibetische Volk, wenn ich Ihnen Dank sage und Sie bitte, Tibet in dieser kritischen Phase seiner Geschichte nicht zu vergessen. Auch wir hoffen, zu einer friedlicheren, menschlicheren und schöneren Welt beizutragen. Ein künftiges freies Tibet wird notleidenden Menschen in der ganzen Welt helfen, die Umwelt zu schützen und den Frieden zu fördern. Die Fähigkeit von uns Tibetern, spirituelle Qualitäten mit einer realistisch-praktischen Einstellung zu verbinden, gibt uns die Möglichkeit, einen besonderen Beitrag zu leisten, so bescheiden er auch sein mag. Darauf hoffe ich, darum bete ich.

Ich möchte mit einem kurzen Gebet schließen, das mir viel Inspiration und Entschlossenheit gibt:

Solange das Weltall besteht
und solange es noch Lebewesen gibt,
so lange mag auch ich daran festhalten,
das Elend der Welt zu vertreiben.

Ich danke Ihnen.

(Erschienen in: Bruno Zoratto: »Inferno Tibet«. Anita Tykve Verlag, Böblingen, 1990)